भारतीय
ज्ञानपीठ

जग-मग में पग-पग की सहयात्री

जीवनसंगिनी-सहधर्मिणी

कान्ता सर्राफ

को समर्पित

जिनकी स्मृति हमें सदैव सत्कर्म और

सद्जीवन की प्रेरणा देती रहेगी।

—डॉ. जे.के. सर्राफ

देव-स्तुति

देव-स्तुति

(अध्ययन)

डॉ. जुगल किशोर सर्राफ

भारतीय ज्ञानपीठ

लोकोदय ग्रन्थमाला : ग्रन्थांक 1372

ISBN 978-93-87919-15-0

देव-स्तुति

(अध्ययन)

डॉ. जुगल किशोर सर्राफ

प्रकाशक : **भारतीय ज्ञानपीठ**

18, इन्स्टीट्यूशनल एरिया, लोदी रोड, नयी दिल्ली-110 003

मुद्रक : विकास कम्प्यूटर्स एंड प्रिंटर्स,

आवरण : महेश्वर

DEV-STUTI
(Study)
Dr. Jugal Kishor Sarraf

Published By
Bharatiya Jnanpith
18, Institutional Area, Lodi Road, New Delhi-110 003
Ph. : 011-24698417, 24626467; 23241619 (Daryaganj)
Mob. : 9350536020; E-mail : bjnanpith@gmail.com
sales@jnanpith.net; website : www.jnanpith.net

Sixth Edition : 2019
Price : Rs. 300

अभिमत

भगवान् श्रीकृष्ण सभी देवताओं के जन्मदाता हैं। उन्हीं के आदेशों से सृष्टि का संचार होता है। श्रीमद्भागवत पुराण के 18000 मन्त्रों में से कुछ मन्त्र विभिन्न देवों की प्रार्थना है। भगवान श्रीकृष्ण से भी प्रार्थना है कि वे हम सबकी रक्षा एवं मार्गदर्शन करते रहें।

मेरा प्रयास उन मन्त्रों को एवं उनके सरल हिन्दी अर्थों को एक पुस्तक रूप में विश्व समुदाय के लाभार्थ प्रस्तुत करने का है। मेरी इच्छा है कि जन-जन को इससे नित्यजीवन में लाभ प्राप्त हो और विश्वजन उन्नत भारतीय सस्कृति को अपने जीवन में अपनाए।

मनुष्य मात्र को यह भी स्वीकार करना होगा कि भगवान श्रीकृष्ण परमेश्वर हैं और उनकी पूजा प्रार्थना करके ही भौतिक जीवन को सुखमय बनाया जा सकता है।

—डॉ. जे.के. सर्राफ

कुन्त्युवाच

कृष्णाय वासुदेवाय देवकीनन्दनाय च।
नन्दगोपकुमाराय गोविन्दाय नमो नमः॥

अतः मैं भगवान् कृष्ण, वसुदेव के पुत्र, देवकी के अतिप्रिय, नन्द तथा ग्वालों के लाल एवं गौवों तथा इन्द्रियों के प्राण बनकर आये हैं, उन को सादर नमस्कार करती हूँ।

नमः पङ्कजनाभाय नमः पङ्कजमालिने।
नमः पङ्कजनेत्राय नमस्ते पङ्कजाङ्घ्रये॥

नमस्कार है, जिनके उदर के मध्य में कमलपुष्प के समान गड्ढा हैं, जो सर्वदा कमलपुष्प की माला से धारण करते हैं, जिनकी नयन कमलपुष्प के समान हैं और चरण के तलवों में कमल अंकित हैं, उन भगवान् को सादर नमस्कार करती हूँ।

नमोऽकिञ्चनवित्ताय निवृत्तगुणवृत्तये।
आत्मारामाय शान्ताय कैवल्यपतये नमः॥

मैं नमस्कार करती हूँ, निर्धनों के धन-स्वरूप को, जो प्रकृति के भौतिक गुणों कि क्रियाओं-प्रतिक्रियाओं से सदा परे है. उन भगवान् को सादर नमस्कार करती हूँ, जो आत्म-तुष्ट, परम शान्त तथा अद्वैतवादियों के स्वामी कैवल्य-पति हैं।

मन्ये त्वां कालमीशानमनादिनिधनं विभुम्।
समं चरन्तं सर्वत्र भूतानां यन्मिथः कलिः॥

हे प्रभु, मैं आपको शाश्वत समय, परमेश्वर, आदि-अन्त रहित तथा सर्वव्यापी मानती हूँ। आप सबों पर समान रूप से दया वितरित करते हैं। जीवों में सामाजिक मतभेद के कारण पारस्परिक कलह है।

त्वयि मेऽनन्यविषया मतिर्मधुपतेऽसकृत्।
रतिमुद्वहतादद्धा गङ्गेवौघमुदन्वति॥

हे मधुपति, मेरा ध्यान अन्यत्र न भटके और निरन्तर आपकी ओर बना रहे। जिस प्रकार गंगा नदी बिना किसी व्यवधान और आकर्षण के साथ समुद्र को बहती है।

श्रीकृष्ण कृष्णसख वृष्ण्यृषभावनिध्रुग्
राजन्यवंशदहनानपवर्गवीर्य।
गोविन्द गोद्विजसुरार्तिहरावतार
योगेश्वराखिलगुरो भगवन्नमस्ते ॥

हे कृष्ण, हे अर्जुन के मित्र, हे वृष्णिकुल के प्रमुख, आप इस धरा पर उपद्रव फैलानेवाले समस्त राजाओं वंश के विध्वंसक हैं। आपका शौर्य कभी क्षीण नहीं होता। आप दिव्य धाम के स्वामी हैं और आप गायों, ब्राह्मणों तथा भक्तों के कष्टों को दूर करने के लिए अवतरित होते हैं। आपमें सारी योग-शक्तियाँ हैं। आप समस्त विश्व के गुरू और सर्वशक्तिमान ईश्वर हैं। हे भगवान् आप को सादर नमस्कार करती हूँ।

सूतउवाच

सर्वात्मनः समदृशो ह्यद्वयस्यानहङ्कृतेः।
तत्कृतं मतिवैषम्यं निरवद्यस्य न क्वचित् ॥

आप पूर्ण पुरुषोत्तम भगवान् हैं, इस कारण से प्रत्येक के हृदय में विद्यमान हैं। आप सबों पर समान रूप से दयालु हैं और भेदभाव के मिथ्या अहंकार से सर्वदा मुक्त हैं। अतएव जो कुछ आप द्वारा घटित होता हैं, वह भौतिक उन्माद से मुक्त होता है। आप समदर्शी हैं।

श्रीभीष्म उवाच

ललितगतिविलासवल्गुहास—
प्रणयनिरीक्षणकल्पितोरूमानाः।
कृतमनुकृतवत्य उन्मदान्धाः
प्रकृतिमगन् किल यस्य गोपवध्वः ॥

मेरा मन की एकाग्रता उन भगवान श्रीकृष्ण में हो, जिसकी आकर्षक चाल, मुग्ध करनेवाले कृत्य, मधुर मुस्कान, प्रेम भरी चितवन तथा अत्यन्त महिमावान विचारधारा ने व्रजधाम की गोपियों को आकृष्ट कर लिया। जब रास लीला से भगवान् श्रीकृष्ण के अन्तर्धान हो जाने पर आनन्द में पागल हुए गोपिकाओं ने भगवान् की लाक्षणिक गतियों का अनुकरण किया।

तमिममहमजं शरीरभाजां
ह्मदि ह्मदि धिष्ठितमात्मकल्पितानाम्।
प्रतिदृशमिव नैकधार्कमेकं
समाधिगतोऽस्मि विधूतभेदमोहः॥

अब मैं भगवान श्रीकृष्ण को पूर्ण एकाग्रता से ध्यान कर सकता हूँ, जो इस समय मेरे समक्ष हैं, क्योंकि अब मैं प्रत्येक के हृदय में, यहाँ तक कि शुष्क चिन्तकों के हृदय में भी रहनेवाले उनके प्रति द्वैत भाव की स्थिती को पार कर चुका हूँ। वे सबों के हृदय में रहते हैं। भले ही सूर्य को भिन्न-भिन्न प्रकार से अनुभव किया जाय, किन्तु सूर्य तो एक ही है।

सूतउवाच

नताः स्म ते नाथ सदाङघ्रिपङ्कजं
विरिञ्चवैरिञ्च्यसुरेन्द्रवन्दितम्।
परायणं क्षेममिहेच्छतां परं
न यत्र कालः प्रभवेत् परः प्रभुः॥

हे भगवान आपके चरणकमल में सर्वदा नतमस्तक करता हूँ, आप ब्रह्मा, उनके चारों कुमार तथा स्वर्ग के राजा इन्द्र देव जैसे समस्त देवताओं द्वारा भी पूजित हैं। इस जीवन का सर्वोच्च लाभ उठाने के लिए इच्छुक लोगों के परम आश्रय हैं। आप परम दिव्य भगवान् हैं और प्रबल काल भी आप पर अपना प्रभाव नहीं दिखा सकता।

भवाय नस्त्वं भव विश्वभावन
त्वमेव माताथ सुह्मत्पतिः पिता।
त्वं सद्गुरूर्नः परमं च दैवतं
यस्यानुवृत्त्या कृतिनो बभूविम॥

हे ब्रह्मांड के स्रष्टा, आप हम सबों के कल्याण के लिए बने हैं, आप निश्चय ही हमारे माता, पिता, शुभचिन्तक, प्रभु, आध्यात्मिक गुरु तथा परम पूज्य देव हैं। जिसके चरण-चिह्नों पर चलते हुए हम सफल हुए हैं।

अहो सनाथा भवता स्म यद्वयं
त्रैविष्टपानामपि दूरदर्शनम्।
प्रेमस्मितस्निग्धनिरीक्षणाननं
पश्येम रूपं तव सर्वसौभगम्॥

ओह, यह तो हमारा सौभाग्य है कि हम आपके द्वारा बनाये गये और आपके संरक्षण में आ गये, क्योंकि आप देवताओं को भी बहुत कम दिखाई पड़ते हैं। आपके स्मितमुख स्नेहपूर्ण चितवन जो सौन्दर्य से भरा है उस दिव्य रूप का दर्शन करना हमारे लिए सर्व-सौभाग्यशाली हैं।

विरचय मयि दंडं दीनबन्धो दयामी वा
गतिरिह न भवत्तः काचिदन्या ममास्ति।
निपततु शतकोटिनिर्भरं वा नवाम्भः
तदपि किलपयोदः स्तूयते चातकेन॥

हे भगवान् चाहे आप दया दिखायें या दंड दें, लेकिन इस जगत में आपके अतिरिक्त अन्य कोई नहीं, जिसका मैं आश्रय लूँ। जैसे चातक पक्षी सर्वदा बादल के लिए ही प्रार्थना करता है, चाहे वह वृष्टि करे या बिजली गिरा दे।

श्रीशुक उवाच

भूयो नमः सद्-वृजिनच्छिदेऽसता—
मसम्भवायाखिलसत्त्वमूर्तये।
पुंसां पुनः पारमहंस्य आश्रमे
व्यवस्थितानामनुमृग्यदाशुषे॥

मैं फिर से सम्पूर्ण जगत-रूप तथा अध्यात्म-रूप उन भगवान् को सादर नमस्कार करता हूँ, जो सभी संकटों से पवित्र भक्तों का मुक्तिदाता है और अभक्त राक्षसों के नास्तिक स्वाभाव की वृद्धि के विनाशक हैं। आध्यात्मिक पूर्णता में स्थित अध्यात्मवादी के लिए, वह अपने विशिष्ट पद प्रदान करने वाले हैं।

नमो नमस्तेऽस्त्वृषभाय सात्वतां
विदूरकाष्ठाय मुहुः कुयोगिनाम्।
निरस्तसाम्यातिशयेन राधसा
स्वधामनि ब्रह्माणि रंस्यते नमः॥

मैं उन भगवान् का सादर नमस्कार करता हूँ, जो यदुवंश के सहयोगी है और अभक्त के लिए सर्वदा समस्या है। वह भौतिक और आध्यात्मिक दोनों संसारों का सर्वोच्च आनन्द लेने वाला है। फिर भी वे बैकुंठ लोक में स्थित अपने धाम का आनन्द उठाते हैं। उनके समतुल्य कोई भी नहीं है, क्योंकि उनकी महानता और ऐश्वर्य अतुलनीय है।

हिरण्मयेन पात्रेण सत्यस्यापिहितं मुखम्।
तत् त्वं पूषन्नपावृणु सत्यधर्माय दृष्टये॥

हे भगवान्, आप सभी जीवों के निर्वाहक हैं। सच्चाई सुनहरा चमकदार किरणों से ढका हुआ है। अतएव आप अपनी ब्रह्मज्योति किरणों के इस परदे को हटा लें और स्वयं को प्रदर्शित करें, जिससे मैं आपके सच्चिदानन्द स्वरूप का दर्शन कर सकूँ।

यत्कीर्तनं यत्स्मरणं यदीक्षणं
यद्वन्दनं यच्छ्रवणं यदर्हणम्।
लोकस्य सद्यो विधुनोति कल्मषं
तस्मै सुभद्रश्रवसे नमो नमः॥

मैं उन मंगलमय भगवान् का सादर नमस्कार करता हूँ, जिनके महिमागान, स्मरण, दर्शन्, प्रार्थना, श्रवन तथा पूजन से पाप करनेवाले के सब पाप-फल शीघ्र धुल जाते हैं।

विचक्षणा यच्चरणोपसादनाम्
सङ्गं व्युदस्योभयतोऽन्तरात्मनः।
विन्दन्ति हि ब्रह्मगतिं गतक्लमा—
स्तस्मै सुभद्रश्रवसे नमो नमः॥

मैं सर्व-मंगलमय भगवान् श्रीकृष्ण को बारम्बार प्रणाम करता हूँ। उनके चरणकमलों पर आत्म-समर्पण करने मात्र से अत्यन्त बुद्धिमान जन वर्तमान तथा भविष्य की सारी आसक्तियों से मुक्ति पा जाते हैं और बिना कठिनाईयों के आध्यात्मिक जगत की ओर अग्रसर होते हैं।

तपस्विनो दानपरा यशस्विनो
मनस्विनो मन्त्रविदः सुमङ्गलाः।
क्षेमं न विन्दन्ति विना यदर्पणं
तस्मै सुभद्रश्रवसे नमो नमः॥

मैं सर्व-मंगलमय भगवान् श्रीकृष्ण को बारम्बार सादर नमस्कार करता हूँ। क्योंकि महान विद्वान ऋषि, महान दानी, यश-लब्ध के महान कार्यकर्ता, महान दार्शनिक तथा योगी, वैदिक मन्त्रों के महान उच्चारक तथा वैदिक सिद्धान्तों के महान अनुयायी तक भी ऐसे महान गुणों को भगवान् समुख समर्पण किये बिना किसी भी

फलस्वरूप परिणाम प्राप्त नहीं कर पाते।

किरातहूणान्ध्रपुलिन्दपुल्कशा
आभीरशुम्भा यवनाः खसादयः।
येऽन्ये च पापा यदपाश्रयाश्रयाः
शुध्यन्ति तस्मै प्रभविष्णवे नमः॥

किरात, हूण, आन्ध्र, पुलिन्द, पुल्कश, आभीर, शुम्भ, यवन, खस आदि दौड़ के सदस्य तथा अन्य पापी कृत्यों के आदी भी भगवान् विष्णु के भक्तों की शरण लेते हुए शुद्ध हो सकते हैं। वह सर्व-शक्तिमान होने के कारण, मैं उन भगवान् श्रीकृष्ण को सादर नमस्कार करता हूँ।

स एष आत्मात्मवतामधीश्वर—
स्त्रयीमयो धर्ममयस्तपोमयः।
गतव्यलीकैरजशङ्करादिभि—
र्वितर्क्यलिङ्गो भगवान् प्रसीदताम्॥

वे परमात्मा हैं तथा समस्त स्वरूपसिद्ध पुरुषों के परमेश्वर हैं। साक्षात् वेद, धर्मशास्त्र तथा तपस्या हैं और ब्रह्माजी, शिवजी तथा कपट से रहित समस्त व्यक्तियों द्वारा पूजित हैं। आश्चर्य तथा सम्मान के साथ पूजा पानेवाले भगवान् मुझ पर प्रसन्न हों।

श्रियः पतिर्यज्ञपतिः प्रजापति—
र्धियां पतिर्लोकपतिर्धरापतिः।
पतिर्गतिश्चान्धकवृष्णिसात्वतां
प्रसीदतां मे भगवान् सतां पतिः॥

भगवान् श्रीकृष्ण, जो ऐश्वर्य और बुद्धि के स्वामी, समस्त यज्ञों के निर्देशक, समस्त जिवों के परम अग्रणी अतएव पृथ्वी पर परम अवतार, समस्त लोकों के स्वामी, तथा समस्त भक्तों के पूजनीय स्वामी हैं, यदुवंश के अन्धक तथा वृष्णि जैसे समस्त राजाओं के रक्षक तथा उनके यश हैं, आप मुझ पर कृपा करो।

यदङ्घ्ययभिध्यानसमाधिधौतया
धियानुपश्चन्ति हि तत्वमात्मनः।
वदन्ति चैतत् कवयो यथारूचं
स मे मुकुन्दो भगवान् प्रसीदताम्॥

भगवान् श्रीकृष्ण, जो मुक्ति के दाता हैं। भक्त प्रत्येक क्षण चिन्तन करते हुए तथा महापुरुषों का अनुसरण करते हुए समाधि में परम सत्य का दर्शन कर सकता है।

तथापि विद्वान पंडित या दार्शनिक उनके विषय में अपनी सनक के अनुसार सोचता हैं। ऐसे भगवान् मुझ पर प्रसन्न हों।

कृष्ण त्वदीयपदपडपङ्कजपञ्ज रान्तम्
अद्यैव मे विशतु मानसराजहंसः।
प्राणप्रयाणसमये कफवातपित्तैः
कण्ठावरोधनविधौ स्मरणं कुतस्ते॥

हे भगवान श्रीकृष्ण, में प्रार्थना करता हूँ कि मेरा मन रूपी हंस तुरन्त आपके चरणकमल के पंजे के नीचे गिर जाए उनके जाल में उलझ जाए, अन्यथा मेरी अन्तिम श्वास के समय, जब मेरा गला कफ से रूद्ध हो जाएगा, तब भला मैं आपके बारे में सोचने के लिए कैसे सम्भव होगा?

प्रचोदिता येन पुरा सरस्वती
वितन्वताजस्य सतीं स्मृतिं ह्मदि।
स्वलक्षणा प्रादुरभूत् किलास्यतः
स मे ऋषीणामृषभः प्रसीदताम्॥

जिन्होंने सृष्टि के प्रारम्भ में प्रथम सृजित जीव ब्रह्मा के हृदय में शक्तिशाली ज्ञान का विस्तार किया और सृष्टि तथा स्वयं के विषय में पूर्ण ज्ञान की प्रेरणा प्रदान की और जो ब्रह्मा के मुँह से प्रकट हुए प्रतीत हुए, वे भगवान् मुझ पर प्रसन्न हों।

नमस्तस्मै भगवते वासुदेवाय वेधसे।
पपुर्ज्ञानमयं सौम्या यन्मुखाम्बुरूहासवम्॥

मैं भगवान वासुदेव के अवतार श्री व्यासदेव को सादर नमस्कार करता हूँ, जो वैदिक ग्रन्थों का संकलनकर्ता है। शुद्ध भक्तगण भगवान् कृष्ण के कमल सदृश मुख से टपकने वाले अमृत से भरा दिव्य ज्ञान को पीते हैं।

यस्य प्रभा प्रभवतो जगदंडकोटि-
कोटिष्वशेषवसुधादिविभूतिभिन्नम्।
तद्ब्रह्म निष्कलमनन्तमशेषभूतं
गोविन्दमादिपुरुषं तमहं भजामि॥

जिनका दिव्य शारीरिक चमक, जिसे ब्रह्मज्योति के रूप में जाना जाता है, जो असीमित, अगाध और सर्वव्यापी है—उन असीमित संख्या में लोकों आदि की सृष्टि के कारण हैं, जिनमें विभिन्न प्रकार की जलवायु और जीवन की दशाएँ हैं, में उन आदि भगवान गोविन्द की सेवा करता हूँ।

तस्मै नमो भगवते वासुदेवाय धीमहि।
यन्मायया दुर्जयया मां वदन्ति जगद्गुरूम्॥

मैं उन भगवान् वासुदेव को सादर नमस्कार करता हूँ तथा उनका ध्यान करता हूँ, जिनकी दुर्जन शक्ति द्वारा कम बुद्धिमान वर्ग की मनुष्यों इस तरह प्रभावित होते है कि उनको ही जगतस्वामी कहते हैं।

भूतैर्महद्भिर्य इमाः पुरो विभु—
र्निर्माय शेते यद्मूषु पूरुषः।
भुङ्क्ते गुणान् षोडश पोडशात्मकः
अनादिरादिर्गोविन्दः सर्वकारणकारणं॥

ब्रह्मांड के भीतर लेटकर जो तत्त्वों से निर्मित शरीरों को प्राणमय बनाते हैं और जो अपने पुरुष-अवतार में जीव को भौतिक गुणों के सोलह विभागों के अधीन करते है, जो जीव के जनक रूप है, वे पूर्ण पुरुषोत्तम भगवान् मेरे प्रवचनों को अलंकृत करने के लिए प्रसन्न हों।

ईश्वरः परमः कृष्णः सच्चिदानन्दविग्रहः।
अनादिरादिर्गोविन्दः सर्वकारणकारणं॥

परमेश्वर तो भगवान् श्रीकृष्ण हैं, जो अपने दिव्य शरीर में आदि भगवान् हैं और समस्त कारणों के परम कारण हैं। मैं उन आदि भगवान गोविन्द की पूजा करता हूँ।

यस्यावतारकर्माणि गायन्ति ह्स्मदादयः।
न यं विदन्ति तत्त्वेन तस्मै भगवते नमः॥

हम उन पूर्ण पुरुषोत्तम को सादर नमस्कार करते हैं, जिनके अवतारों तथा कार्य-कलापों का गायन हमारे द्वारा उनके महिमा-मण्डन के लिए किया जाता है, निस्सन्देह वे अपने शत-प्रतिशत उसी रूप में ही ज्ञात हो सकते हैं।

आद्योऽवतारः पुरुषः परस्य
कालः स्वभावः सदसन्मनश्च।
द्रव्यं विकारो गुण इन्द्रियाणि
विराट् स्वराट् स्थास्नु चरिष्णु भूम्नः॥

कारणार्णवशायी विष्णु ही परमेश्वर के प्रथम अवतार हैं। वे सनातन काल, आकाश, कार्य-कारण, मन, तत्त्वों, भौतिक अहंकार, प्रकृति के गुणों, इन्द्रियों, भगवान् के पूर्ण शरीर, गर्भोदकशायी विष्णु तथा समस्त चर एवं अचर जीवों के स्वामी हैं।

तथापि नाथमानस्य नाथ नाथय नाथितम्।

परावरे यथा रूपे जानीयां ते त्वरूपिण: ॥

फिर भी हे भगवान्, मेरी आपसे प्रार्थना है कि मुझे इच्छित प्रदान करें। कृपया मुझे बताएँ कि आप निराकार होते हुए भी आप संसारी रूप किस प्रकार धारण करते हैं।

ब्रह्म संहिता

एकोऽप्यसौ रचयितुं जगदंडकोटिं
यच्छक्तिरस्ति जगदंडचया यदन्तः।
अण्डान्तरस्थ परमाणुचयान्तरस्थं
गोविन्दमादिपुरुषं तमहं भजामि ॥

मैं उन आदि भगवान् गोविन्द की सेवा करता हूँ, जो अपने एक अंश के द्वारा समस्त ब्रह्मांड और समस्त परमाणु में प्रविष्ट होते हैं और इस तरह समग्र सृष्टि भर वे अपनी अनन्त शक्ति का असिम प्रकट करते हैं।

प्रेमांजनच्छुरितभक्तिविलोचनेन
सन्त: सदैव हृदयेषु विलोकयन्ति।
यं श्यामसुन्दरमचिन्त्यगुणस्वरूपं
गोविन्दमादिपुरुषं तमहं भजामि ॥

मैं उन आदि भगवान् गोविन्द की पूजा करता हूँ, जिनका दर्शन शुद्ध भक्त अपनी आँखों में भगवद्-प्रेम रूपी अञ्ज न पहनकर सदैव अपने हृदयों के भीतर करते हैं। यह गोविन्द समस्त दिव्य गुणों से पूर्ण श्यामसुन्दर स्वरूप हैं।

स्कन्द पुराण

संसारेऽस्मिन् महाघोरे जन्ममृत्युसमाकुले।
पूजनं वासुदेवस्य तारकं वादिभि: स्मृतम् ॥

यह संसार अन्धकार और भय के साथ-साथ जन्म-मृत्यु तथा अनेक प्रकार के चिन्ताओं से परिपूर्ण है और इस विशालतम मायाजाल से मुक्ति पाने का एकमात्र उपाय भगवान् वासुदेव की दिव्य प्रेमाभक्ति को ग्रहण करना है। सभी वर्ग के दार्शनिकों ने इसे स्वीकार किया है।

यस्य स्मृत्या च नामोक्त्या तपोयज्ञक्रियादिषु।
नूनं सम्पूर्णतामेति सद्यो वन्दे तमच्युतम् ॥

मैं अच्युत भगवान् को सादर नमस्कार करते हूँ, क्योंकि केवल उनके पवित्र नाम के स्मरण या उच्चारण से सभी प्रकार के तपों, सकाम कर्मों, यज्ञों का फल की प्राप्ति होती है और इस विधि का सर्वत पालन किया जा सकता है।

अर्चिते देवदेवेशे शंखचक्रगदाधरे।
अर्चिताः सर्वदेवाः स्युर्यतः सर्वगतो हरिः॥

मैं उन आदि भगवान् गोविन्द की पूजा करता हूँ, जो शंख, चक्र, गदा तथा पद्मधारी है और जब उनकी पूजा की जाती है, तो अन्य समस्त देवों की पूजन स्वतः हो जाती है, क्योंकि श्रीभगवान् हरि सर्वव्यापी है।

श्रीशुक उवाच

एतन्निर्विद्यमानानामिच्छतामकुतोभयम्।
योगिनां नृप निर्णीतं हरेर्नामानुकीर्तनम्॥

हे प्रभु! अन्ततः यह निश्चित् हुआ कि प्रत्येक व्यक्ति को, चाहे वह संन्यासी हो, योगी हो अथवा सकाम कर्मी हो, वांछित फल की प्राप्ति हेतु निर्भयता से भगवान् के पवित्र नाम का जप करना चाहिए।

ब्रह्म संहिता

वेणुं क्वणन्तम् अरविन्ददलायताक्षं
बर्हावतंसमसिताम्बुदसुन्दरांगम्।
कन्दर्पकोटिकमनीयविशेषशोभं
गोविन्दमादिपुरुषं तमहं भजामि।

मैं उन आदि भगवान् गोविन्द की पूजा करता हूँ, जो अपनी दिव्य वंशी बजाते हैं। उनकी नयन कमल के फूलों के सदृश हैं। वे मोरपंखों से सुशोभित हैं, और उनके शरीर का रंग नवीन श्याम बादल के जैसी है। उनका शारीरिक गठन करोड़ों कामदेवों से भी अधिक सुन्दर है।

अद्वैतमच्युतमनादिमनन्तरूपम्
आद्यं पुराणपुरुषं नवयौवनं च।
वेदेषु दुर्लभमदुर्लभमात्मभक्तौ
गोविन्दमादिपुरुषं तमहं भजामि॥

मैं उन आदि भगवान् गोविन्द की पूजा करता हूँ, जो असंख्य स्वांशों से अभिन्न हैं। वे अच्युत, आदि तथा असीम हैं एवं नित्य स्वरूपों वाले हैं। यद्यपि वे सबसे प्राचीन पुरुष हैं, किन्तु वे सर्वदा नवीन तथा युवा रहते हैं।

श्रीभगवानुवाच

कोश ते पादसरोजभाजां
सुदुर्लभोऽर्थेषु चतुर्ष्वपीह।
तथापि नाहं प्रवृणोमि भूमन्
भवत्पदाम्भोजनिषेवणोत्सुकः॥

हे प्रभु, जो भक्तगण आपके दिव्य चरणकमलों की अतुलनीय प्रेम सेवा में संलग्न हुए हैं उन्हें धर्म, अर्थ, ज्ञान और मुक्ति के इन चार पुरुषार्थों के क्षेत्र में कुछ भी प्राप्त करने में कोई कठिनाई नहीं होती। लेकिन हे महात्मन्, जहाँ तक मेरा सम्बन्ध हैं मैंने केवल आपके दिव्य चरणकमलों की अतुलनीय प्रेम सेवा में शामिल होने को श्रेयस्कर माना है।

देवा ऊचुः

नमाम ते देव पदारविन्द।
प्रपन्नतापीपशमातप्रत्रम्।
यन्मूलकेता यतयोऽञ्जंसोरु
संसारदुःखं बहिरुत्क्षिपन्ति॥

हे प्रभु, आपके चरणकमल शरणागतों के लिए छाते के सदृश है। जो संसार के सभी प्रकार कष्टों से उनकी रक्षा करते हैं। समस्त मुनिगण उस आश्रय के अन्तर्गत सभी भौतिक कष्टों को निकाल फेंकते हैं। अतएव हम आपके चरणकमलों को सादर नमस्कार करते हैं।

ततो वयं मत्प्रमुखा यदर्थे
बभूविमात्मन्करवाम किं ते।
त्वं नः स्वचक्षुः परिदेहि शक्त्या
देव क्रियार्थे यदनुग्रहाणाम्॥

हे परम प्रभु, कृपया निर्देश दें कि, महत्–तत्त्व से प्रारम्भ में उत्पन्न हुए हम सबों किस तरह से कार्य करें। कृपया हमें अपना सम्पूर्ण ज्ञान तथा सामर्थ्य प्रदान करें ताकि हम परवर्ती सृष्टि के विभिन्न विभागों में आपकी सेवा प्रदान कर सकें।

ब्रह्म संहिता

य: कारणार्णवजले भजति स्म योग—
निद्रामनन्तजगदंडसरोमकूप: ।
आधारशक्तिमवलम्ब्य परां स्वमूर्तिं
गोविन्दमादिपुरुषं तमहं भजामि ॥

गोविन्द, सर्वोच्च तथा पूर्ण पुरुषोत्तम भगवान्, जो अपनी उस निद्रा के दौरान असंख्य ब्रह्मांडों की सृष्टि करने के लिए कारणार्णव में अनन्तकाल तक सोते रहते हैं। वे अपनी आन्तरिक शक्ति द्वारा जल पर लेटे रहते हैं। मैं उन आदि भगवान् गोविन्द की पूजा करता हूँ।

यस्यैकनिश्वसितकालमथावलम्ब्य
जीवन्ति लोमविलजा जगदंडनाथा: ।
विष्णुर्महान् स इह यस्य कलाविशेषो
गोविन्दमादिपुरुषं तमहं भजामि ॥

उनके श्वास लेने के कारण असंख्य ब्रह्मांडों का उत्पत्ति होता है और उनके श्वास निकलते ही समस्त ब्रह्मांडों के स्वामियों का विनाश हो जाता है। भगवान् का वह स्वांश महाविष्णु कहलाता है और वे भगवान् कृष्ण का अंश के अंश होते हैं। मैं उन आदि भगवान् गोविन्द की पूजा करता हूँ।

ब्रह्मोवाच

रूपं यदेतदवबोधरसोदयेन
शश्वन्निवृत्ततमस: सदनुग्रहाय।
आदौ गृहीतमवतारशतैकबीजं
यन्नाभिपद्मभवनादहमाविरासम् ॥

मैं जिस रूप को देख रहा हूँ वह भौतिक प्रदूषण से सर्वथा मुक्त है और भक्तों पर कृपा दिखाने के लिए आन्तरिक शक्ति की अभिव्यक्ति के रूप में प्रकट हुआ है। यह अवतार कई अन्य अवतारों की उत्पत्ति है और मैं स्वयं आपके नाभि रूप घर से पैदा हुए कमल फूल से पैदा हुआ हूँ।

नात: परं परम यद्भवत: स्वरूप—
मानन्दमात्रमविकल्पमविद्धवर्च: ।
पश्चामि विश्वसृजमेकमविश्वमात्मन्
भूतेन्द्रियात्मकमदस्त उपाश्रितोऽस्मि ॥

हे परमेश्वर, मैं आपके इस अनन्त आनन्द और ज्ञान के रूप से श्रेष्ठ अन्य कोई रूप नहीं देखता हूँ। बैकुंठ में आपकी निर्विशेष ब्रह्मज्योति में कोई सामयिक परिवर्तन नहीं होता है और आन्तरिक शक्ति में कोई गिरावट नहीं आता है। मैं आपके सम्मुख आत्मसमर्पण कर रहा हूँ, क्योंकि जहाँ मैं अपने भौतिक शरीर तथा इन्द्रियों पर गर्वित हूँ वहीं आप विशाल जगत का कारण होते हुए भी पदार्थ द्वारा अस्पृश्य हैं।

तद्वा इदं भुवनमङ्गल मङ्गलाय
ध्याने स्म नो दर्शितं त उपासकानाम्।
तस्मै नमो भगवतेऽनुविधेम तुभ्यं
योऽनादृतो नरकभाग्भिरसत्प्रसङ्गैः॥

भगवान् श्रीकृष्ण का यह वर्तमान रूप या उनके द्वारा विस्तार किया हुआ कोई भी दिव्य रूप समस्त ब्रह्मांडों के लिए समान रूप से सर्वमंगलमय है। चूँकि आपने इस अनन्त व्यक्तिगत रूप को प्रकट किया है, जिसका ध्यान आपके भक्त करते हैं, इसलिए मैं आपको आदरपूर्वक नमस्कार करता हूँ। जो व्यक्ति नरक के रास्ते पर भेजे जाने के लिए नियत हैं, वे भौतिक विषयों की कल्पना के कारण आपके साकार रूप की उपेक्षा करते हैं।

दीपार्चिरेव हि दशान्तरमभ्युपेत्य
दिपायते विवृतहेतुसमानधर्मा।
यस्तादृगेव हि च विष्णुतया विभाति
गोविन्दमादिपुरुषं तमहं भजामि॥

मैं उन आदि भगवान् गोविन्द की पूजा करता हूँ, जो अपना विस्तार उसी तरह करते हैं, जिस तरह से एक उज्ज्वल दीपक दूसरी दीपक को प्रज्वलित करता है। आदि ज्योति भगवान् श्रीकृष्ण के अन्य समस्त विस्तार उनके ही समान शक्तिशाली होते हैं, किन्तु उनकी यह दिव्य रूप को परम पुरुष गोविन्द के रूप में स्वीकार किया गया है।

ये तु त्वदीयचरणाम्बुजकोशगन्धं
जिघ्रन्ति कर्णविवरैः श्रुतिवातनीतम्।
भक्त्या गृहीतचरणः परया च तेषां
नापैषि नाथ हृदयाम्ब्रूहात्स्वपुंसाम्॥

हे प्रभु, जो लोग वैदिक ध्वनि की वायु द्वारा ले जाई गई आपके चरणकमलों की सुगन्ध को आपने कानों के माध्यम से गन्ध करते हैं, वे आपकी भक्ति-मय सेवा को ग्रहण करते हैं। उनके लिए आप उनके हृदय रूपी कमल से कभी भी अलग नहीं होते।

तावद्भयं द्रविणदेहसुहृन्निमित्तं
शोकः स्पृहा परिभवो विपुलश्च लोभः।
तावन्ममेत्यसदवग्रह आर्तिमूलं
यावन्न तेऽङ्घ्रिमभयं प्रवृणीत लोकः॥

हे प्रभु, संसार के लोग सभी भौतिक चिन्ताओं से विचलित रहते हैं और वे सर्वदा डरा हुआ रहते हैं। वे सदैव धन, शरीर तथा मित्रों की रक्षा करने का कोशिश करते हैं, वे विलाप तथा अवैध इच्छाओं एवं साज-सामग्री से पूरित रहते हैं तथा लोभवश मैं तथा मेरा की नाशवन्त अवधारणाओं पर अपने दुराग्रह को आधारित करते हैं। जब तक वे आपके सुरक्षित चरणकमलों की शरण ग्रहण नहीं करते तब तक वे ऐसी चिन्ताओं से भरे रहते हैं।

दैवेन ते हतधियो भवतः प्रसङ्गा—
त्सर्वाशुभोपशमनाद्विमुखेन्द्रिया ये।
कुर्वन्ति कामसुखलेशलवाय दीना
लोभाभिभूतमनसोऽकुशलानि शश्वत्॥

हे भगवान, वे व्यक्ति जो आपकी दिव्य गतिविधियों के बारे में सर्वमंगलकारी कीर्तन तथा श्रवण करने से वंचित हैं निश्चित रूप से वे अभागे हैं और अच्छी समझ से बेदखल हैं। वे थोड़े समय के लिए इन्द्रियतृप्ति का आनन्द लेने हेतु अशुभ गतिविधियों में व्यस्त रहते हैं।

क्षुत्तृट्त्रिधातुभिरिमा मुहुरर्द्यमानाः
शीतोष्णवातवरषैरितरेतराच्च।
कामाग्निनाच्युतरूषा च सुदुर्भरेण
सम्पश्यतो मन उरूक्रम सीदते मे॥

हे महान् कर्ता, मेरे भगवान्, ये समस्त दीन प्राणी सदैव भूख, प्यास, तीन रस, यथा कफ, पित्त और वायु लगातर परेशान रहते हैं, कफ युक्त सर्दी, भीषण गर्मी, भारी वर्षा और कई अन्य परेशान करने वाले तत्व इन पर आक्रमण करते हैं और ये प्रबल कामेच्छाओं तथा दुःसह क्रोध से अभिभूत होते रहते हैं। मुझे इन पर दया आती है और मैं इनके लिए बहुत चिन्तित हूँ।

यावत्पृथक्त्वमिदमात्मन इन्दियार्थ—
मायाबलं भगवतो जन ईश पश्येत्।
तावन्न संसृतिरसौ प्रतिसङ्क्रमेत
व्यर्थापि दुःखनिवहं वहती क्रियार्था॥

हे प्रभु, भौतिक दुख आत्मा के लिए वास्तविक अस्तित्व के बिना हैं। फिर भी जब तक शरीर को इन्द्रियतृप्ति के लिए देखता है, तब तक वह भौतिक दुःखों के उलझन से बाहर नहीं निकल पाता, जो कि आपकी बहिरंगा शक्ति द्वारा प्रभावित होता है।

त्वं भक्तियोगपरिभावितहृत्सरोज
आस्से श्रुतेक्षितपथो ननु नाथ पुंसाम्।
यद्यद्धिया त उरूगाय विभावयन्ति
तत्तद्वपुः प्रणयसे सदनुग्रहाय॥

हे प्रभु, आपके भक्तगण प्रामाणिक श्रवण प्रक्रिया से कानों के माध्यम से आपका दिव्य रूप का दर्शन कर सकते हैं और इस प्रकार उनके हृदय शुद्ध हो जाते हैं तथा आप उनके हृदय रूपी कमल में निवास करते हो। आप अपने भक्तों पर इतने दयालु हैं कि आप अपने को विशेष रूप में प्रकट करते हैं जिसमें वे सर्वदा आपके बारे में सोचते हैं।

शश्वत्स्वरूपमहसैव निपीतभेद—
मोहाय बोधधिषणाय नमः परस्मै।
विश्वोद्भवस्थितिलयेषु निमित्तलीला—
रासाय ते नम इदं चकृमेश्वराय॥

मैं उन परमेश्वर को नमस्कार करता हूँ जो अपनी आन्तरिक शक्ति के द्वारा शाश्वत विशिष्ट अवस्था में रहते हैं। उनका विभेदित न किया जा सकने वाला निर्विशेष स्वरूप आत्म-ज्ञान हेतु बुद्धि द्वारा पहचाना जाता है। मैं उनको नमस्कार करता हूँ जो अपनी लीलाओं के द्वारा विराट जगत के सृष्टि, पालन, तथा संहार का आनन्द उठाते हैं।

यस्यावतारगुणकर्मविडम्बनानि
नामानि येऽसुविगमे विवशा गृणन्ति।
तेऽनैकजन्मशमलं सहसैव हित्वा
संयान्त्यपावृतामृतं तमजं प्रपद्ये॥

मैं उनके चरणकमलों की शरण लेता हूँ जिनके अवतार, दिव्य गुण और कर्म सांसारिक मामलों के रहस्यमय नकल हैं। जो व्यक्ति इस जीवन को त्याग करते समय अनजाने में भी उनके दिव्य नाम का आह्वान करता है उसके जन्म-जन्म के पाप तुरन्त धुल जाते हैं और वह उन भगवान् को निश्चय ही प्राप्त करता है।

यो वा अहं च गिरिशश्च विभुः स्वयं च
स्थित्युद्भवप्रलयहेतव आत्ममूलम्।

भित्त्वा त्रिपाद्ववृध एक उरूप्ररोहस्
तस्मै नमो भगवते भुवनद्रुमाय॥

आप लोक रूपी वृक्ष की जड़ हैं। यह वृक्ष सर्वप्रथम भौतिक प्रकृति को तीन तनों के रूप में—मुझ, शिव तथा सर्वशक्तिमान आपके रूप में—सृजन, पालन तथा संहार के लिए भेदकर निकला है और हम तीनों से अनेक शाखाएँ निकल आई हैं। इसलिए हे ब्रह्मांड रूपी वृक्ष, मैं आपको नमस्कार करता हूँ।

लोको विकर्मनिरत: कुशले प्रमत्त:
कर्मण्ययं त्वदुदिते भवदर्चने स्वे।
यस्तावदस्य बलवानिह जीविताशां
सद्यश्छिनत्त्यनिमिषाय नमोऽस्तु तस्मै॥

सामन्य लोग अविचारित कर्म में लगे रहते हैं, न कि लाभप्रद कार्यों में जो आपने सीधे उनके मार्गदर्शन हेतु आपके द्वारा घोषित किया गया है। जब तक मूर्खतापूर्ण कार्यों के लिए उनकी प्रवृत्ति शक्तिशाली बनी रहेती है, तब तक जीवन के संघर्ष में उनकी सारी योजनाएँ टुकड़ें-टुकड़ें होती रहेंगी। मैं उन्हें नमस्कार करता हूँ, जो नित्यकाल स्वरूप हैं।

यस्माद्बिभेम्यहमपि द्विपरार्धधिष्ण्य-
मध्यासित: सकललोकनमस्कृतं यत्।
तेपे तपो बहुसवोऽवरूरूत्समान-
स्तस्मै नमो भगवतेऽधिमखाय तुभ्यम्॥

हे प्रभु, मैं आपको सादर नमस्कार करते हूँ, जो अविनाशी समय और सभी यज्ञों के भोक्ता हैं। यद्यपि मैं ऐसे स्थान में स्थित हूँ जो दो परार्धों की अवधि तक विद्यमान रहेगा, और मैं ब्रह्मांड के अन्य सभी लोकों का अगुआ हूँ, और यद्यपि मैंने आत्म-ज्ञान प्राप्ति के लिए अनेकानेक वर्षों तक तपस्या की है, फिर भी मैं आपको नमस्कार करते हूँ।

तिर्यङ्मनुष्यविबुधादिषु जीवयोनि-
ष्वात्मेच्छयात्मकृतसेतुपरीप्सया य:।
रेमे निरस्तविषयोऽप्यवरूद्धदेह-
स्तस्मै नमो भगवते पुरुषोत्तमाय॥

हे प्रभु, आप अपनी दिव्य लीलाएँ सम्पन्न करने हेतु आत्म-इच्छा से विभिन्न जीव योनियों में, मनुष्येतर पशुओं में तथा देवताओं में प्रकट होते हैं। आप भौतिक प्रदूषण से तनिक भी प्रभावित नहीं होते हैं। आप अपने धर्म के अपने सिद्धान्तों को

पूरा करने के लिए आते हैं, और इसलिए हे आदि भगवान् ऐसे विभिन्न रूपों को प्रकट करने हेतु मैं आपको नमस्कार करते हूँ।

यन्नाभिपद्मभवनादहमासमीडय
लोकत्रयोपकरणो यदनुग्रहेण।
तस्मै नमस्त उदरस्थभवाय योग-
निद्रावसानविकसन्नलिनेक्षणाय॥

हे मेरी पूजा के लक्ष्य, मैं आपकी कृपा से ब्रह्मांड की रचना करने हेतु आपके कमल-नाभि रूपी घर से उत्पन्न हुआ हूँ। जब आप नींद का आनन्द ले रहे थे, तब ब्रह्मांड के ये सारे लोक आपके दिव्य उदर के भीतर स्थित थे। अब आपकी नींद टूटी है, तो आपके नेत्र प्रात: काल में खिलते हुए कमलों की तरह खुले हुए हैं।

सोऽयं समस्तजगतां सुहृमदेक आत्मा
सत्त्वेन यन्मृडयते भगवान्भगेन।
तेनैव मे दृशमनुस्पृशताद्यथाहं
स्त्रक्ष्यामि पूर्ववदिदं प्रणतप्रियोऽसौ॥

परमेश्वर मुझ पर कृपा करो। वे समस्त ब्रह्मांड में सभी जीवित प्राणियों के एकमात्र मित्र तथा आत्मा हैं और वे अपने छ: पारदर्शिताओं के द्वारा जीवों के चरम सुख हेतु इन सबों का पालन-पोषण करते हैं। वे मेरे प्रति दयालु हों, जिससे मैं पहले की तरह सृजन करने की आत्मपरिक्षण की शक्ति से युक्त हो सकूँ, क्योंकि मैं भी उन शरणागत जीवित प्राणियों में से एक हूँ जो प्रभु को प्रिय हैं।

एष प्रपन्नवरदो रमयात्मशकत्या
यद्यत्करिष्यति गृहीतगुणावतार:।
तस्मिन्स्वविक्रममिदं सृजतोऽपि चेतो
युञ्ज ीत कर्मशमलं च यथा विजह्याम्॥

भगवान् सदा ही शरणागतों को वर देने वाले हैं। उनके सारे कार्य उनकी आन्तरिक शक्ति रमा या लक्ष्मी देवी के द्वारा सम्पन्न होते हैं। मेरी उनसे यही प्रार्थना है कि विराट जगत के सृजन में वे मुझे अपनी सेवा में नियुक्त करें और मेरी यही विनती है कि मैं अपने कार्यों के द्वारा भौतिक रूप से प्रभावित न होऊँ, क्योंकि इस प्रकार मैं रुष्टा बनने की मिथ्या-प्रतिष्ठा त्याग करने में सक्षम हो सकूँगा।

नाभिह्रदादिह सतोऽम्भसि यस्य पुंसो
विज्ञानशक्तिरहमासमनन्तशक्ते:।

रूपं विचित्रमिदमस्य विवृण्वतो मे
मा रीरिषीष्ट निगमस्य गिरां विसर्गः ॥

भगवान् की शक्तियाँ असंख्य हैं। जब वे प्रलय-जल में लेटे रहते हैं, तो मैं उस नाभिरूपी झील से सम्पूर्ण ब्रह्मांड की शक्ति के रूप में उत्पन्न होता हूँ, जिसमें कमल खिलता है। अब मैं विराट जगत के रूप में उनकी विविध शक्तियों को प्रकट करने में व्यस्त हूँ। इसलिए मैं प्रार्थना करता हूँ कि अपने भौतिक गतिविधियों के दौरान मैं वैदिक स्तुतियों की ध्वनि से कहीं विचलित न हो जाऊँ।

सोऽसावदभ्रकरूणो भगवान्विवृद्ध—
प्रेमस्मितेन नयनाम्बुरूहं विजृम्भन्।
उत्थाय विश्वविजयाय च नो विषादं
माध्व्या गिरापनयतात्पुरुषः पुराणः ॥

भगवान् जो की परम हैं और सबसे प्राचीन हैं, वे असीम कृपालु हैं। मैं चाहता हूँ कि वे अपने कमल सदृश नेत्रों को खोल कर हँसते हुए मुझे वरदान दें। वे सम्पूर्ण विराट सृष्टि का उत्थान कर सकते हैं और अपने कृपापूर्ण निर्देशों के द्वारा हमारी निराशा को दूर कर सकते हैं।

ब्रह्म संहिता

यच्चक्षुरेष सविता सकलग्रहाणां
राजा समस्तसुरमूर्तिरसेषतेजाः।
यस्याज्ञया भ्रमति संभृतकालचक्रो
गोविन्दमादिपुरुषं तमहं भजामि ॥

मैं उन आदि भगवान् गोविन्द की पूजा करता हूँ, जिनके नियन्त्रण में भगवान् की आँख माने जाने वाले सूर्य तक अनन्त काल की निश्चित कक्षा में घूमता है। सूरज समस्त ग्रह प्रणालियों का राजा है तथा गर्मी और प्रकाश की असीम शक्ति है।

मैत्रेय उवाच

तस्मै नमो भगवते य इदं स्वेन रोचिषा।
आत्मस्थं व्यञ्ज यामास स धर्मं पातुमर्हति ॥

हम उन आदि भगवान् को सादर नमस्कार करते हैं, जो अपने आप में स्थित होकर अपने स्वयं के चमक से इस ब्रह्मांड को प्रकट किया है। वे समस्त कल्याण के लिए धर्म की रक्षा करें।

वायुर्यमोऽग्निर्वरूणः शशाङ्कः
प्रजापतिस्त्वं प्रपितामश्च।
नमो नमस्तेऽस्तु सहस्रकृत्वः
पुनश्च भूयोऽपि नमो नमस्ते॥

आप वायु के स्वामी, परम न्यायी यम, अग्नि और वर्षा के स्वामी हैं। आप चन्द्रमा हैं तथा आप प्रपितामह हैं। अतएव मैं आपको पुनः पुनः सादर नमस्कार करता हूँ।

त्वमेकः सर्वभूतानां जन्मकृद्वृत्तिदः पिता।
तथापि नः प्रजानां ते शुश्रुषा केन वा भवेत्॥

आप समस्त जीवों तथा उनकी जीविका के साधन के पिता हैं, क्योंकि वे सभी आपसे उत्पन्न हुए हैं। कृपा करके हमें निर्देश दें कि हमारे द्वारा आपकी सेवा किस तरह सम्भव हो सकती हैं।

तद्विधेहि नमस्तुभ्यं कर्मस्वीडयात्मशक्तिषु।
यत्कृत्वेह यशो विश्वगमुत्र च भवेद्गतिः॥

हे पूज्य, कृपया हमें उनकी कार्यक्षमता के अन्तर्गत कार्य करने के लिए अपना निर्देश दें जिससे हम इस जीवन में यश के लिए तथा अगले जीवन में प्रगति के लिए उसका अनुसरण कर सकें।

सोमस्तु रेतः सवनान्यवस्थितिः
संस्थाविभेदास्तव देव धातवः।
सत्राणि सर्वाणि शरीरसन्धि—
स्त्वं सर्वयज्ञक्रतुरिष्टिबन्धनः॥

हे प्रभु, आपका वीर्य सोमयज्ञ कहलाती है। आपकी वृद्धि प्रातःकाल सम्पन्न किये जाने वाले कर्मकांडीय अनुष्ठान हैं। आपकी त्वचा तथा स्पर्श संवेदनाएँ अग्निष्टोम यज्ञ के सात तत्त्व हैं। आपकी शारीरिक जोड़ों में बारह दिनों तक किये जाने वाले विभिन्न यज्ञों के प्रतीक हैं। इसलिए आप सोम और असोम नामक समस्त यज्ञों के उद्देश्य हैं और आप केवल एकमात्र यज्ञों से बँधे हुए हैं।

नमो नमस्तेऽखिलमन्त्रदेवता—
द्रव्याय सर्वक्रतवे क्रियात्मने।
वैराग्यभक्त्यात्मजयानुभावित—
ज्ञानाय विद्यागुरवे नमो नमः॥

हे प्रभु, आप पूर्ण पुरुषोत्तम भगवान् हैं और सार्वभौमिक प्रार्थनाओं, वैदिक

मन्त्रों तथा यज्ञ की समस्त सामग्री द्वारा पूजनीय हैं। हम आपको नमस्कार करते हैं। आप समस्त दृश्यमान तथा अदृश्य भौतिक प्रदूषण से मुक्त शुद्ध मन से अनुभूत किए जा सकते हैं। हम आपको भक्ति-योग के समस्त ज्ञान के परम गुरु के रूप में सादर नमस्कार करते हैं।

तेषां सततयुक्तानां भजतां प्रीतिपूर्वकम्।
ददामि बुद्धियोगं तं येन मामुपयान्ति ते॥

हे प्रभु, जो व्यक्ति श्रद्धा तथा प्रेम के साथ सर्वदा आपकी भक्ति में लगा रहता है उसे अन्त में आप निश्चित रूप से अपने को प्राप्त करने के लिए बुद्धि प्रदान करते हैं।

दितिरुवाच

नमो रूद्राय महते देवयोग्राय मीढुषे।
शिवाय न्यस्तदंडाय धृतदंडाय मन्यवे॥

मैं उन क्रुद्ध शिवाजी को नमस्कार करता हूँ जो एक ही साथ अत्यन्त उग्र महादेव तथा समस्त प्रकार की इच्छाओं को पूरा करने वाले हैं। वे सर्व कल्याणकारी तथा क्षमा प्रदानकारी हैं, किन्तु उनका क्रोध तुरन्त दण्डित करने के लिए प्रेरित कर सकता है।

देवाऊचुः

नमो विज्ञानवीर्याय माययेदमुपेयुषे।
गृहीतगुणभेदाय नमस्तेऽव्यक्तयोनये॥

हे ताकत तथा वैज्ञानिक ज्ञान के मूल स्रोत, आपको सादर नमस्कार। आपने भगवान् से विभेदित रजोगुण स्वीकार किया है। आप बहिरंगा शक्ति की सहायता से अप्रकट स्रोत से उत्पन्न हैं। आपको नमस्कार।

प्रादुश्वकर्थ यदिदं पुरुहुव रुपं
तेनेश निर्वृतिमवापुरलं दृशो नः।
तस्मा इदं भगवते नम इद्विधेम
याऽनात्मनां दुरुदयो भगवान्प्रतीतः॥

अतः हे प्रभु, हम भगवान् के रूप में आपके नित्य स्वरूप को सादर नमस्कार करते हैं जिसे आपने इतनी कृपा करके हमारे सम्मुख प्रकट किया है। आपका परम नित्य अभागे अल्पज्ञ व्यक्तियों द्वारा नहीं देखा जा सकता, किन्तु हम इसे देख कर अपने मन में तथा दृष्टि में अत्यधिक तुष्ट है।

ऋषय ऊचुः

त्वत्तः सनातनो धर्मो रक्ष्यते तनुभिस्तव।
धर्मस्य परमो गुह्यो निर्विकारो भवान्मतः॥

आप समस्त जीवों की शाश्वत वृत्ति के स्रोत हैं तथा अपने अभिव्यक्तियों द्वारा आप सर्वदा धर्म की रक्षा की है। आप धार्मिक सिद्धान्तों के परम लक्ष्य हैं और हमारे मत से आप अतुलनीय तथा शाश्वत रूप से अपरिवर्तनीय हैं।

तरन्ति ह्यञ्ज सा मृत्युं निवृत्ता यदनुग्रहात्।
योगिनः स भवाधन्क स्विदनुगृह्णेत यत्परैः॥

हे परमेश्वर, आपकी कृपा से योगीजन तथा आध्यात्मवादी सभी भौतिक इच्छाओं को त्याग कर आसानी से जन्म तथा मृत्यु को पार कर जाते हैं। इसलिए यह सम्भव नहीं कि कोई परमेश्वर पर अनुग्रह कर सके।

धर्मस्य ते भगवतस्त्रियुग त्रिभिः स्वैः
पद्भिश्चराचरमिदं द्विजदेवतार्थम्।
नूनं भृतं तदभिघाति रजस्तमश्च
सत्त्वेन नो वरदया तनुवा निरस्य॥

हे प्रभु, आप धर्म हैं। अतः आप अपने को तीनों युगों में प्रकट करते हैं और इस प्रकार इस ब्रह्मांड की रक्षा करते हैं जिसमें चर तथा अचर प्राणी रहते हैं। आप शुद्ध सत्त्व रूप तथा समस्त आशीर्वाद प्रदान करने वाली कृपा द्वारा देवताओं तथा द्विजों के रजोगुणों तथा तमगुणों को भगा दें।

न त्वं द्विजोत्तमकुलं यदि हात्मगोपं
गोप्ता वृषः स्वर्हणेन ससूनृतेन।
तर्ह्येव नङ्क्ष्यति शिवस्तव देव पन्था
लोकोऽग्रहीष्यदृषभस्य हि तत्प्रमाणम्॥

हे प्रभु, आप सर्वोच्च द्विजों के रक्षक हैं। निस्सन्देह यदि आप पूजा तथा मृदु शब्दों को अर्पित करके उनकी रक्षा न करें तो निश्चित है कि पूजा का शुभ मार्ग उन सामान्यजनों के द्वारा अस्वीकार कर दिया जाएगा जो आपके शक्ति तथा प्रभुत्व पर कार्य करते हैं।

देवा ऊचुः

नमो नमस्तेऽखिलयज्ञतन्तवे
स्थितौ गृहीतामलसत्त्वमूर्तये।

दिष्टया हतोऽयं जगतामरून्तुद-
स्त्वत्पादभक्त्या वयमीश निर्वृताः ॥

हम आपको नमस्कार करते हैं। आप समस्त यज्ञों के भोक्ता हैं तथा आपने शुद्ध सात्विक भाव में विश्व की स्थिति बनाये रखने के लिए वराह रूप धारण किया है। यह हमारा सौभाग्य है कि समस्त लोकों को कष्ट देने वाला दैत्य आपके हाथों मारा गया और हे भगवान्, अब हम आपके चरण-कमलों की भक्ति कर के सुख प्राप्त करते हैं।

ऋषिरुवाच

ये मायया ते हतमेधसस्त्वत्—
पादारविन्दं भवसिन्धुपोतम्।
उपासते कामलवाय तेषां
रासीश कामान्निरयेऽपि ये स्युः ॥

आपके चरण-कमल सांसारिक अज्ञान के महासागर को पार करने के लिए सच्चे के सदृश हैं। माया द्वारा वशीभूत अज्ञानी व्यक्ति ही इन्द्रियों के क्षुद्र तथा क्षणिक सुखों को प्राप्त करने के लिए इन चरणों की पूजा करते हैं। जो नरक में सड़ने वाले व्यक्ति भी प्राप्त कर सकते हैं। हालांकि, हे मेरे भगवान्, आप इतनी दयालु हैं कि उन पर भी दया करते हैं।

प्रजापतेस्ते वचसाधिश तन्त्या
लोकः किलायं कामहतोऽनुबद्धः।
अहं च लोकानुगतो वहामि
बलिं च शुक्लानिमिषाय तुभ्यम् ॥

हे भगवान्, आप समस्त जीवात्माओं के स्वामी तथा नायक हैं। निस्सन्देह आपके निर्देश से समस्त बद्धजीव मानों डोरी से बँधकर अपनी-अपनी काम वासनाओं की तुष्टि में व्यस्त रहते हैं। उन्हीं का अनुसरण करते हुए, हे धर्मरूप, शाश्वत काल रूप मैं आपको भी अपनी भेंट अर्पण करता हूँ।

मैत्रेय उवाच

योऽर्केन्द्वग्नीन्द्रवायूनां यमधर्मप्रचेतसाम्।
रूपाणि स्थान आधत्से तस्मै शुक्लाय ते नमः ॥

आवश्यकतानुसार आप सूर्य, चन्द्र, अग्नि, इन्द्र, वायु, यम, धर्म, वरुण का

रूप धारण करते हैं। आप भगवान् विष्णु के अतिरिक्त अन्य कुछ नहीं हैं, अतः आपको सभी प्रकार से नमस्कार है।

मनुरुवाच

दिष्ट्या मे भगवान्दृष्टो दुर्दर्शो योऽकृतात्मनाम्।
दिष्ट्या पादरजः स्पृष्टं शीर्ष्णा मे भवतः शिवम्॥

यह मेरा सौभाग्य है कि मुझे आपका दर्शन हो सके क्योंकि आपके दर्शन उन लोगों के लिए दुर्लभ है जो अपने मन तथा इन्द्रियों को नियन्त्रण में नहीं किया हैं। मैं आपके पैरों की धूलि को शिर से स्पर्श करके और भी कृतकृत्य हुआ हूँ।

यतोऽभवद्विश्वमिदं विचित्रं
संस्थास्यते यत्र च वावतिष्ठते।
प्रजापतीनां पतिरेष मह्यं
परं प्रमाणं भगवाननन्तः॥

मेरे लिए तो सर्वोच्च अधिकारी अनन्त श्रीभगवान् हैं जिनसे प्रकट हुआ यह विचित्र सृष्टि आश्चर्यजनक होती है तथा जिन पर इसका भरण तथा विलय आश्रित है। जो इस संसार में जीवात्माओं को उत्पन्न करने वाले महापुरुष हैं, वह उन सभी प्रजापतियों के मूल हैं।

तान्येव तेऽभिरूपाणि रूपाणि भगवंस्तव।
यानि यानि च रोचन्ते स्वजनानामरूपिणः॥

हे भगवान्, यद्यपि आपका कोई भौतिक रूप नहीं है, हालांकि आपके अपने ही असंख्य रूप हैं। वे वास्तव में आपके दिव्य रूप हैं और आपके भक्तगणों को आनन्दित करनेवाले हैं।

मैत्रेय उवाच

त्वां सूरिभिस्तत्त्वबुभुत्सयाद्धा
सदाभिवादार्हणपादपीठम्।
ऐश्वर्यवैराग्ययशोऽवबोध—
वीर्यश्रिया पूर्तमहं प्रपद्ये॥

हे भगवान्, आपके चरण-कमल ऐसे कोष के सदृश हैं, जो परम सत्य को जानने के इच्छुक बड़े-बड़े परम साधुओं द्वारा सदैव अभिवादनों का योग्य है। आप ऐश्वर्य, वैराग्य, कीर्ति, ज्ञान, वीर्य और सौन्दर्य से पूर्ण हैं अतः मैं आपके चरणकमलों

की शरण में हूँ।

परं प्रधानं पुरुषं महान्तं
कालं कविं त्रिवृतं लोकपालम्।
आत्मानुभूत्यानुगतप्रपञ्चं
स्वच्छन्दशक्तिं कपिलं प्रपद्ये॥

मैं कपिल के रूप में अवतरित होने वाले पूर्ण पुरुषोत्तम भगवान् की शरण लेता हूँ, जो स्वतन्त्र रूप से शक्तिशाली तथा दिव्य हैं, जो परम पुरुष हैं तथा पदार्थ और काल को मिलाकर सबों के भगवान् हैं, जो त्रिगुणमय समस्त ब्रह्मांडों के पालनकर्ता हैं और प्रलय के पश्यात् भौतिक प्रपञ्चों को अवशोषित करते हैं।

आ स्माभिपृच्छेऽद्य पतिं प्रजानां
त्वयावतीर्णर्ण उताप्तकामः।
परिव्रजत्पदवीमास्थितोऽहं
चरिष्ये त्वां हृदि युञ्ज न्विशोकः॥

समस्त प्राणियों के स्वामी मैं आप से आज कुछ पूछना चाहता हूँ। चूँकि आपने मुझे अब पितृ-ऋण से मुक्त कर दिया है और मेरे सभी मनोरथ पूरे हो चुके हैं, अतः मैं संन्यास-मार्ग स्वीकार करना चाहता हूँ। इस गृहस्थ जीवन को त्याग कर मैं शोक से मुक्त होकर अपने हृदय में सदैव आपको धारण करते हुए सर्वत्र भ्रमण करना चाहता हूँ।

देवहूतिरूवाच

निर्विण्णा नितरां भूमन्नसदिन्द्रियतर्षणात्।
येनसम्भाव्यमानेन प्रपन्नान्धं तमः प्रभो॥

हे प्रभु, मैं आपनी इन्द्रियों के क्षणिक तथा अत्यधिक उत्तेजना से ऊबी हुई हूँ और इसके परीणामस्वरूप मैं अज्ञान रूपी अन्धकार के गर्त में गिर गई हूँ।

तस्य त्वं तमसोऽन्धस्य दुष्पारस्याद्य पारगम्।
सच्चक्षुर्जन्मनामन्ते लब्धं मे त्वदनुग्रहात्॥

हे भगवान्, आप ही अज्ञान रूपी इस घने अन्धकार को पार करने के एकमात्र साधन हैं, क्योंकि आप ही मेरे दिव्य नेत्र हैं जिसे मैंने आपके कृपा से अनेक जन्मों के पश्चात् प्राप्त किया है।

देवहूतिरूवाच

य आद्यो भगवान्पुंसामीश्वरो वै भवान्किल।
लोकस्य तमसान्धस्य चक्षुः सूर्य इवोदितः॥

हे भगवान्, आप समस्त जीवात्माओं के मूल तथा परमेश्वर हैं। निस्सन्देह आप सूर्य की किरणों को विस्तारित कर के ब्रह्मांड के अज्ञान रूपी इस घने अन्धकार को दूर करने के लिए उदित हुए हैं।

अथ मे देव सम्मोहमपाक्रष्टुं त्वमर्हसि।
योऽवग्रहोऽहं ममेतीत्येतस्मिन्योजितस्त्वया॥

हे प्रभु, अब प्रसन्न हों और मेरे महान भ्रम को दूर करें। झूठे अहंकार की भावना के कारण मैं आपकी माया में व्यस्त रही और मैंने अपने आपको शरीर रूप में तथा परिणामस्वरूप शारीरिक सम्बन्धों के रूप में पहचाना।

तं त्वा गताहं शरणं शरण्यं
स्वभृत्यसंसारतरोः कुठारम्।
जिज्ञासयाहं प्रकृतेः पुरुषस्य
नमामि सद्धर्मविदां वरिष्ठम्॥

मैंने आपके चरणकमलों की शरण ग्रहण की हैं, क्योंकि आप ही एकमात्र व्यक्ति हैं जिनकी शरण ग्रहण की जा सकती है। आप वह कुल्हाड़ी हैं जिससे संसार रूपी वृक्ष काटा जा सकती है। अतः मैं शाश्वत वृत्ति के ज्ञाताओं का महानतम को सादर नमस्कार करती हूँ। मैं आपसे पुरुष तथा स्त्री और आत्मा तथा पदार्थ के सम्बन्ध के विषय में जानना चाहती हूँ।

जन्तुरूवाच

तस्योपसन्नमवितुं जगदिच्छयात्त-
नानातनोर्भुवि चलच्चरणारविन्दम्।
सोऽहं व्रजामि शरणं ह्यकुतोभयं मे
येनेदृशी गतिरदर्श्यसतोऽनुरूपा॥

मैं उन भगवान् के चरणकमलों की शरण लेता हूँ जो अपने विभिन्न अनन्त स्वरूपों में प्रकट होते हैं और इस पृथ्वी पर भ्रमण करते रहते हैं। मैं उन्हीं की शरण ग्रहण करता हूँ, क्योंकि वे ही मुझेको निर्भय बना सकते हैं और उन्हीं से मुझे यह जीवन-अवस्था प्राप्त हुई है,जो मेरे अपवित्र कार्यों के सर्वथा अनुरूप है।

यस्त्वत्र बद्ध इव कर्मभिरावृतात्मा
भूतेन्द्रियाशयमयीमवलम्ब्य मायाम्।
आस्ते विशुद्धमविकारमखंडबोध-
मातप्यमानहृदयेऽवसितं नमामि॥

मैं शुद्ध आत्मा, जो अब अपने कर्म के द्वारा बँधा हुआ हूँ। माया की व्यवस्था हेतु इस समय अपनी माता के गर्भ में पड़ा हुआ हूँ। मैं उन भगवान् नमस्कार करता हूँ जो यहाँ मेरे साथ हैं, किन्तु जो अप्रभावित हैं और स्थिर हैं। वे अनन्त ज्ञान से युक्त हैं, किन्तु सन्तप्त हृदय में देखे जाते हैं। मैं उन्हें सादर नमस्कार करता हूँ।

यः पञ्चभूतरचिते रहितः शरीरे
च्छन्नोऽयथेन्द्रियगुणार्थचिदात्मकोऽहम्।
तेनाविकुंठमहिमानमृषिं तमेनं
वन्दे परं प्रकृतिपूरूषयोः पुमांसन्॥

मैं इस पंचभूतों से निर्मित भौतिक शरीर में होने के कारण भगवान् से पृथक् हो गया हूँ, इस कारण मेरे गुणों तथा इन्द्रियों का दुरूपयोग हो रहा है, यद्यपि मैं अनिवार्य रूप से आध्यात्मिक हूँ। चूँकि ऐसे भौतिक शरीर से रहित होने के कारण भगवान् प्रकृति तथा जीव से परे हैं और चूँकि उनके आध्यात्मिक गुण से महिमापूर्ण हैं, अतः मैं उन्हें नमस्कार करता हूँ।

यन्माययोरूगुणकर्मनिबन्धनेऽस्मिन्
सांसारिके पथि चरंस्तदभिश्रमेण।
नष्टस्मृतिः पुनरयं प्रवृणीत लोकं
युक्त्या कया महदनुग्रहमन्तरेण॥

जीवात्मा प्रकृति के प्रभाव में बँधा रहता है और बारम्बार जन्म तथा मृत्यु के मार्ग पर चलने के लिए कठिन श्रम करता रहता है। यह सशर्त जीवन भगवान् के साथ अपने रिश्ते की विस्मृति के कारण है। अतः बिना परमेश्वर की कृपा के कोई भगवान् की दिव्य प्रेमा-भक्ति में फिर से किस तरह संलग्न हो सकता है?

पश्यत्ययं धिषणया ननु सप्तवध्रिः
शारीरके दमशरीर्यपरः स्वदेहे।
यत्सृष्टयासं तमहं पुरुषं पुराणं
पश्ये बहिर्हृदि च चैत्यमिव प्रतीतम्॥

अन्य प्रकार के शरीर धारण करने वाला जीव केवल अन्तःप्रेरणा से देखता है, वह उस शरीर के ग्राह्य तथा अग्राह्य अनुभवों से परिचित होता है, लेकिन में एक ऐसा

शरीर धारण किया हुआ हूँ, जिसमें मैं अपनी इन्द्रियों को नियन्त्रित करता हूँ और अपने गन्तव्य को समझता हूँ, अतः मैं उन भगवान् को सादर नमस्कार करता हूँ जिनके आशीर्वाद से मुझे इस शरीर की आशीष मिली है और जिनकी अनुग्रह से में उन्हें हृदय में तथा बाहर देख सकता हूँ।

देवहूतिरूवाच

स एव विश्वस्य भवान्विधत्ते
गुणप्रवाहेण विभक्तवीर्यः।
सर्गाद्यनीहोऽवितथाभिसन्धि
आत्मेश्वरोऽतर्क्यसहस्रशक्तिः॥

हे भगवान्, यद्यपि आपको व्यक्तिगत रूप से कुछ करना नहीं रहता, किन्तु आपने अपनी शक्तियाँ प्रकृति के गुणों की अन्तःक्रियाओं में वितरित कर दी हैं और इस कारण से ब्रह्मांड की सृष्टि, पालन तथा संहार होता है। हे भगवान्, आप दृढ़संकल्प हैं और सभी जीवों के भगवान् हैं। आपने उन्हीं के लिए यह संसार की रचना की और यद्यपि आप एक हैं, किन्तु आपकी शक्तियाँ विविधता से कार्य करती हैं। यह हमारे लिए अकल्पनीय है।

त्वं देहतन्त्रः प्रशमाय पाप्मनां
निदेशभाजां च विभो विभूतये।
यथावतारास्तव सूकरादय—
स्तथायमप्यात्मपथोपलब्धये॥

हे भगवान्, आपने पापियों के पाप कर्मों को कम करने तथा उनके भक्ति एवं मुक्ति के ज्ञान को बढ़ाने के लिए यह शरीर धारण किया है। क्योंकि ये पापत्माएँ आपके आदेश पर आश्रित हैं, अतः अपने इच्छा से सूकर तथा अन्य रूपों नें अवतरित होते हैं। इसी प्रकार आप अपने आश्रितों को दिव्य ज्ञान प्रदान करने के लिए प्रकट हुए हैं।

तं त्वामहं ब्रह्म परं पुमांसं
प्रत्यक्स्त्रोतस्यात्मनि संविभाव्यम्।
स्वतेजसा ध्वस्तगुणप्रवाहं
वन्दे विष्णुं कपिलं वेदगर्भम्॥

हे भगवान्, मुझे विश्वास है कि आप स्वयं कपिल नाम पर परमेश्वर अर्थात् परब्रह्म हैं। समस्त साधु–सन्त इन्द्रियों तथा मन के उद्वेगों से मुक्त होकर आपका ही

ध्यान करते हैं, क्योंकि आपकी करुणा से ही मनुष्य प्रकृति के गुणों का प्रभाव से मुक्त हो सकता है। प्रलय काल में सारे वेद आपमें ही स्थान प्राप्त करते हैं। मैं उन कपिल नामक भगवान् विष्णु को सादर नमस्कार करता हूँ।

देवा ऊचुः

योमायया विरचितं निजयात्मनीदं
खे रूपभेदमिव तत्प्रतिचक्षणाय।
एतेन धर्मसदने ऋषिमूर्तिनाद्य
प्रादुश्चकार पुरुषाय नमः परस्मै॥

देवताओं ने कहा, हम उस दिव्य रूप भगवान को नमस्कार करते हैं जिन्होंने इस दृश्य जगत की सृष्टि अपनी बहीरंगा शक्ति के रूप में की है, जो उनमें उसी प्रकार स्थित है, जिस प्रकार वायु तथा बादल-समूह आकाश में रहते हैं और जो अब धर्म के घर में नर-नारायण ऋषि के रूप में प्रकट हुए हैं।

रूद्र उवाच

सत्त्वं विशुद्धं वसुदेवशब्दितं
यदीयते तत्र पुमानपावृतः।
सत्त्वे च तस्मिन्भगवान्वासुदेवो
ह्यधोक्षजो मे नमसा विधीयते॥

मैं सर्वदा शुद्ध कृष्णचेतना में भगवान् वासुदेव को नमस्कार करता रहता हूँ। क्योंकि कृष्णभावनामूप ही सर्वदा शुद्ध चेतना है, जिसमें परम पुरुष श्रीभगवान्, वासुदेव के नाम से विख्यात हैं और बिना किसी आवरण के प्रकट होता है।

ब्रह्मोवाच

जाने त्वामीशं विश्वस्य जगतो योनिबीजयोः।
शक्तेः शिवस्य च परं यत्तद्ब्रह्म निरन्तरम्॥

हे प्रभु, मैं जानता हूँ कि आप सम्पूर्ण भौतिक जगत के नियन्ता और दृश्य जगत के माता-पिता तथा दृश्य जगत से भी परे परब्रह्म हैं। मैं आपको इसी रूप में जानता हूँ।

त्वमेव भगवन्नेतच्छिवशक्त्योः स्वरूपयोः।
विश्वं सृजसि पास्यत्सि क्रिडन्नूर्णपटो यथा॥

हे भगवान्, आप अपनी शुभ शक्ति में स्थित होकर अपने व्यक्तिगत विस्तार से इस ब्रह्मांड की सृष्टि, पालन तथा संहार करते हैं। ठीक उसी तरह जैसे मकड़ी अपना जाल बनाती है, बनाये रखती हैं और फिर अन्त कर देती है।

न वै सतां त्वच्चरणार्पितात्मनां
भूतेषु सर्वेष्वभिपश्यतां तव।
भूतानि चात्मन्यपृथग्दिदृक्षतां
प्रायेण रोषेऽभिभवेद्यथा पशुम्॥

हे भगवान्, जो भक्तगणों ने आपके चरण-कमलों पर अपना जीवन समर्पित कर दिया है, निश्चित् रूप से वे प्रत्येक जीवात्माओं में परमात्मा के रूप में आपको देखते हैं, परीणामस्वरूप वे जीवात्माओं में भेद नहीं करते। ऐसे व्यक्ति सभी जीवात्माओं को समान रूप से देखते हैं। वे पशुओं की समान क्रोध के वशीभूत नहीं होते, क्योंकि पशु भेदभाव के बिना कोई वस्तु नहीं देख सकते।

भवांस्तु पुंसः परमस्य मायया
दुरन्तयास्पृष्टमतिः समस्तदृक्।
तया हतात्मस्वनुकर्मचेतः स्व
अनुग्रहं कर्तुमिहार्हसि प्रभो॥

हे भगवान्, आप परमात्मा की माया के मोहक प्रभाव में कभी मोहित नहीं होते। अतः आप सर्वज्ञ हैं, और जो उसी माया के द्वारा मोहित एवं सकाम कर्मों द्वारा अत्यधिक आकृष्ट हैं, उन पर कृपा और अनुकम्पा करें।

वाञ्छाकल्पतरूभ्यश्च कृपासिन्धुभ्य एव च।
पतितानां पावनेभ्यो वैष्णवेभ्यो नमो नमः॥

मैं भगवान् के समस्त वैष्णव भक्तों को सादर नमस्कार करता हूँ। वे कल्पतरू के समान हैं, जो सबकी इच्छाओं को पूर्ण करने वाले हैं। वे पतित बद्ध आत्माओं के लिए दया से ओत-प्रोत रहते हैं।

रूद्र उवाच

तव वरद वराङ्घ्रावाशिषेहाखिलार्थे
ह्यपि मुनिभिरसक्तैरादरेणार्हणीये।
यदि रचितधियं माविद्यलोकोऽपविद्धं
जपति न गणये तत्त्वत्परानुग्रहेण॥

हे भगवान्, मेरा मन तथा मेरी चेतना निरन्तर आपके अमूल्य चरण-कमलों पर एकाग्रित है, जो सभी आशीर्वादों तथा सभी इच्छाओं की पूर्ति के स्रोत होने के कारण समस्त मुक्त महामुनियों द्वारा पूजनीय हैं, क्योंकि आपके चरणकमल ही पूजा के योग्य है। आपके चरणकमलों में मन को एकाग्रित कर मैं उन व्यक्तियों से विचलित नहीं होता जो यह कहकर मेरी निन्दा करते हैं कि मेरे कर्म शुद्ध नहीं हैं। मैं उनके आरोपों की परवाह नहीं करता और मैं दयावश उन्हें क्षमा कर देता हूँ, ठीक उसी तरह जैसे आप सभी जीवों के प्रति दयाभाव प्रदर्शित करते हैं।

भृगुरूवाच

यन्मायया गहनयापह्मतात्मबोधा
ब्रह्मादयस्तनुभृतस्तमसि स्वपन्तः।
नात्मन्श्रितं तव विदन्त्यधुनापि तत्त्वं
सोऽयं प्रसीदतु भवान्प्रणतात्मबन्धुः॥

हे भगवान्, सर्वोच्च ब्रह्मा से लेकर सामान्य चींटी तक सभी जीव आपकी माया के दुर्लंघ्य जादू के वशीभूत हैं और इस तरह वे अपनी स्वाभाविक स्थिति से अनभिज्ञ हैं। देहात्मबुद्धि मैं विश्वास करने के कारण समस्त जीव मोहान्धकार में पड़े हुए हैं। वे वास्तव में यह समझने में असमर्थ है कि प्रत्येक जीवात्मा में आप परमात्मा के रूप में किस प्रकार स्थित हैं, निश्चत रूप से वे आपके परम पद को समझ नहीं सकते हैं। किन्तु आप सभी शरणागत जीवों के मित्र एवं रक्षक हैं। अतः आप हम पर कृपा करें तथा हमारे सभी अपराधों को क्षमा कर दें।

ब्रह्मोवाच

नैतत्स्वरूपं भवतोऽसौ पदार्थ—
भेदग्रहैः पुरुषो यावदीक्षेत्।
ज्ञानस्य चार्थस्य गुणस्य चाश्रयो
मायामयाद्व्यतिरिक्तो मतस्त्वम्॥

हे भगवान्, कोई भी व्यक्ति आपके व्यक्तित्व एवं अनन्त रूप को नहीं समझ सकता जो आपको ज्ञान प्राप्त करने की विभिन्न प्रक्रियाओं के माध्यम से जानने का प्रयास करे। आपकी स्थिति भौतिक सृष्टि की तुलना में सर्वदा दिव्य है, जबकि आपको समझने के प्रयास, लक्ष्य तथा साधन सभी भौतिक और काल्पनिक हैं।

इन्द्र उवाच

इदमप्यच्युत विश्वभावनं
वपुरानन्दकरं मनोदृशाम्।
सुरविद्विट्क्षपणैरूदायुधै—
र्भुजदंडैरूपपन्नमष्टभिः॥

हे भगवान्, आप आठ भुजाओं से हथियार उठाये आपका यह अष्ठभुज दिव्य रूप सम्पूर्ण विश्व के कल्याण के लिए प्रकट होता है और यह मन तथा नेत्रों को आनन्दित करने वाला है। इस रूप में आप असुरों को दण्डित करने के लिए सर्वदा तत्पर रहते हैं, जो आपके भक्तगणों से ईर्ष्या करते हैं।

ऋषय ऊचुः

अनन्वितं ते भगवन्विचेष्टितं
यदात्मना चरसि हि कर्म नाज्यसे।
विभूतये यत उपसेदुरीश्वरीं
न मन्यते स्वयमनुवर्ततीं भवान्॥

हे समस्त ऐश्वर्यों के स्वामी, आपके कार्यकलाप अत्यन्त आश्चर्यजनक हैं और यद्यपि आप अपनी विभिन्न शक्तियों द्वारा समस्त कार्यों को करते हैं, किन्तु आप समस्त कार्यों से लिप्त नहीं होते। यहाँ तक कि ऐश्वर्य की देवी लक्ष्मीजी आपकी आज्ञाकारी दासी होने के बाद भी स्वयं उनसे भी लिप्त नहीं होते हैं, जिनकी पूजा ब्रह्माजी जैसे बड़े-बड़े देवताओं द्वारा उनकी कृपा प्राप्त करने के लिए करते है।

सिद्धा उचुः

अयं त्वत्कथामृष्टपीयूषनद्यां
मनोवारणः क्लेशदावाग्निदग्धः।
तृषार्तोऽवगाढो न सस्मार दावं
न निष्क्रामति ब्रह्मसम्पन्नवन्नः॥

हे भगवान्, हमारे मन उस हाथी के सदृश हैं, जो जंगल की आग से जला हुआ तथा पीड़ित होने पर नदी में प्रवेश करते ही समस्त कष्ट भूल सकता है। उसी प्रकार ये हमारे मन भी आपकी दिव्य लीलाओं अमृत की नदी में निमज्जित हैं और इस तरह के दिव्य आनन्द में सर्वदा बने रहना चाहते हैं, जो परमब्रह्म में तदाकार होने

के आनन्द के समान ही है।

लोकपाला ऊचुः

दृष्टः किं नो दृग्भिरसद्ग्रहैस्त्वं
प्रत्यग्द्रष्टा दृश्यते येन विश्वम्।
माया ह्येषा भवदीया हि भूमन्
यस्त्वं षष्ठः पञ्चभिर्भासि भूतैः॥

हे भगवान्, हम अपनी प्रत्यक्ष प्रतीति पर ही विश्वास करते हैं, किन्तु इस परिस्थिति में हम नहीं जानते कि हमने आपका दर्शन वास्तव में हमारे भौतिक इन्द्रियों से किया है या नहीं। हमारे भौतिक इन्द्रियों से हम केवल दृश्य जगत को ही देख पाते हैं, किन्तु आप पाँच तत्त्वों से परे हैं। आप तो छठवें तत्त्वों हैं, हम आपको भौतिक जगत की स्रष्टा के रूप में देख रहे हैं।

योगेश्वरा ऊचुः

प्रेयान्न तेऽन्योऽस्त्यमुतस्त्वयि प्रभो
विश्वात्मनीक्षेन्न पृथग्य आत्मनः।
अथापि भक्त्येश तयोपधावता—
मनन्यवृत्त्यानुगृहाण वत्सल॥

हे भगवान्, जो लोग आपको अपने से अभिन्न देखते हैं, यह जानते हुए कि आप समस्त जीवात्माओं के परमात्मा हैं, वे निश्चित रूप से आपको अत्यन्त प्रिय हैं। जो आपको प्रभु के रूप में तथा अपने आपको दास स्वीकार कर आपकी भक्तिपूर्ण सेवा में संलग्न रहते हैं, आप उन पर कृपा करते हैं और कृपावश उन पर सर्वदा हितकारी रहते हैं।

जगदुद्भवस्थितिलयेषु दैवतो
बहुभिद्यमानगुणयात्ममायया।
रचितात्मभेदमतये स्वसंस्थया
विनिवर्तितभ्रमगुणात्मने नमः॥

हम उन परम पुरुष को सादर नमस्कार करते हैं, जिन्होंने विभिन्न प्रकार की वस्तुएँ उत्पन्न कीं और उन समस्त वस्तुओं को भौतिक जगत के त्रिगुणों के वशीभूत कर दिया जिससे उनकी सृष्टि, पालन और संहार हो सके। वे स्वयं बहिरंगा शक्ति के नियन्त्रण में नहीं हैं, वे साक्षात् रूप में भौतिक गुणों के विभिन्न प्रकार के प्रकट से

रहित हैं और मिथ्या मायामोह से दूर हैं।

ब्रह्मोवाच

नमस्ते श्रितसत्त्वाय धर्मादीनां च सूतये।
निर्गुणाय च यत्काष्ठां नाहं वेदापरेऽपि च॥

हे भगवान्, हम आपको सादर नमस्कार करते हैं, क्योंकि आप सतोगुण के आश्रय होने के कारण समस्त धर्म तथा तपस्या के स्रोत हैं, आप सभी भौतिक गुणों से परे हैं और कोई भी न तो आपको या न आपकी वास्तविक स्थिति को जानने वाला है।

अग्निरूवाच

यत्तेजसाहं सुसमिद्धतेजा
हव्यं वहे स्वध्वर आज्यसिक्तम्।
तं यज्ञियं पञ्चविधं च पञ्चभिः
स्विष्टं यजुर्भिः प्रणतोऽस्मि यज्ञम्॥

हे भगवान्, मैं आपको सादर नमस्कार करता हूँ, क्योंकि आपकी ही कृपा से मैं प्रज्ज्वलित अग्नि के समान तेजस्वी हूँ और मैं यज्ञ में प्रदान किया जाने वाला घृतमिश्रित आहुतियाँ स्वीकार करता हूँ। यजुर्वेद के अनुसार पाँच प्रकार की छवियाँ आपकी ही विभिन्न शक्तियाँ हैं और आपकी पूजा पाँच प्रकार के वैदिक मन्त्रों से की जाती है। यज्ञ का अर्थ ही आप अर्थात् परम भगवान् है।

देवा ऊचुः

पुरा कल्पापाये स्वकृतमुदरीकृत्य विकृतं
त्वमेवाद्यस्तस्मिन्सलिल उरगेन्द्राधिशयने।
पुमान्शेषे सिद्धैर्हृदि विमृशिताध्यात्मपदविः
स एवाद्याक्ष्णोर्यः पथि चरसि भृत्यानवसि नः॥

हे भगवान्, पहले जब प्रलय हुआ था, तो आपने भौतिक जगत की विभिन्न शक्तियों को संरक्षित कर लिया था। उस समय ऊर्ध्वलोकों के सभी वासी, जिसमें सनक जैसे मुक्त जीव भी थे, दार्शनिक चिन्तन द्वारा आपका ध्यान कर रहे थे। अतः आप आदिपुरुष हैं और प्रलयकालीन जल में शेषशय्या पर शयन करते हैं। अब आज हम आपको अपने समक्ष देख रहे हैं। हम सभी आप के दास हैं। कृपया हमें शरण दीजिये।

गन्धर्वा ऊचुः

अंशांशास्ते देव मरीच्यादय एते
ब्रह्मेन्द्राद्या देवगणा रूद्रपुरोगाः।
क्रीडाभाण्डं विश्वमिदं यस्य विभूमन्
तस्मै नित्यं नाथ नमस्ते करवाम॥

हे भगवान्, शिव, ब्रह्मा, इन्द्र, मरीचि समेत समस्त देवतागण तथा ऋषिगण आपके शरीर के विभिन्न अंश हैं और यह सारी सृष्टि आपके लिए खिलौना मात्र है। हम सदैव आपको पूर्ण पुरुषोत्तम भगवान् रूप में स्वीकार करते है और आपको सादर नमस्कार करते हैं।

विद्याधरा ऊचुः

त्वन्माययार्थमभिपद्य कलेवरेऽस्मिन्
कृत्वा ममाहमिति दुर्मतिरूत्पथैः स्वैः।
क्षिप्तोऽप्यसद्विषयलालस आत्ममोहं
युष्मत्कथामृतनिषेवक उद्व्युदस्येत्॥

हे भगवान्, यह मानव शरीर सर्वोच्च सिद्धि प्राप्त करने के लिए है, परन्तु आपकी बहिरंगा शक्ति के द्वारा वशीभूत होकर जीवात्मा भ्रमवश अपने आपको देह तथा भौतिक शक्ति मान बैठता है, अतः माया द्वारा वशीभूत होकर वह सांसारिक भोग द्वारा सुखी बनना चाहता है। इस प्रकार अज्ञानी पुरुष भ्रमित हो कर गलत मार्ग पर चलते जाता है और क्षणिक माया-सुख के प्रति सर्वदा आकर्षित होता रहता है। किन्तु आपके कार्यकलाप इतने ताकतवर हैं कि यदि कोई उनके श्रवण तथा कीर्तन में अपने आपको नियुक्त करें तो मोह और माया से उसका उद्धार हो सकता है।

ब्राह्मणा ऊचुः

त्वं क्रतुस्त्वं हविस्त्वं हुताशः स्वयं
त्वं हि मन्त्रः समिद्दर्भपात्राणि च।
त्वं सदस्यर्त्विजो दम्पती देवता
अग्निहोत्रं स्वधा सोम आज्यं पशुः॥

हे भगवान्, आप साक्षात् यज्ञ हैं। आप ही घी की आहुति हैं; आप अग्नि हैं; आप वैदिक मन्त्रों के उच्चारण हैं; आप ईंधन हैं; आप ज्वाला हैं; आप कुश हैं; आप

ही यज्ञ के पात्र हैं और आप ही यज्ञकर्ता तथा पुरोहित हैं। आप इन्द्र आदि देवतागण हैं और आप ही यज्ञ–पशु हैं। जो कुछ भी यज्ञ में अर्पण किया जाता है, वह आप या आपकी शक्ति है।

त्वं पुरा गां रसाया महासूकरो
दंष्ट्रया पद्मिनीं वारणेन्द्रो यथा।
स्तूयमानो नदल्लीलया योगिभि—
र्व्युज्जहर्थ त्रयीगात्र यज्ञक्रतुः ॥

हे भगवान्, हे साक्षात् वैदिक ज्ञान, भूतकाल में जब आप महान् सूकर अवतार के रूप में प्रकट हुए थे तो पृथ्वी को जल के भीतर से इस तरह ऊपर उठा लिया था जिस तरह कोई हाथी सरोवर में से कमलिनी को उठा लाता है। जब आपने उस विराट सूकर रूप में दिव्य गर्जन किया, तो उस ध्वनि को यज्ञ मन्त्र के रूप में स्वीकार कर लिया गया और सनक जैसे महान् ऋषियों ने उस यज्ञ मन्त्र को ध्यान करते हुए आपकी स्तुति की।

स प्रसीद त्वमस्माकमाकाङ्क्षतां
दर्शनं ते परिभ्रष्टसत्कर्मणाम्।
कीर्त्यमाने नृभिर्नाम्नि यज्ञेश ते
यज्ञविघ्नाः क्षयं यान्ति तस्मै नमः ॥

हे भगवान्, हम आपके दर्शन के लिए प्रतीक्षा कर रहे थे क्योंकि हम वैदिक अनुष्ठानों के अनुसार यज्ञ नहीं कर पाए हैं। इसलिए हम आपसे प्रार्थना करते हैं कि आप हम पर प्रसन्न हों। आपके पवित्र नाम–कीर्तन मात्र से समस्त बाधाएँ दूर हो जाती हैं। हम आपकी उपस्थिति में आपको सादर नमस्कार करते हैं।

देवा ऊचुः

नैवं विदामो भगवन्प्राणरोधं
चराचरस्याखिलसत्त्वधाम्नः।
विधेहि तन्नो वृजिनाद्विमोक्षं
प्राप्ता वयं त्वां शरणं शरण्यम् ॥

हे भगवान्, आप समस्त जड़ तथा चेतन जीवात्माओं के आश्रय हैं। हमें महसूस हो रहा है कि समस्त जीवों का दम घुट रहा है और उनकी श्वास प्रक्रियाएँ अवरुद्ध हो गई है। हमने कभी ऐसा अनुभव नहीं किया है। आप समस्त शरणागतों के चरम आश्रय हैं, इसलिए हम आपके पास आये हैं। कृपया हमें इस संकट से

उद्धार करें।

ध्रुव उवाच

योऽन्तः प्रविश्य मम वाचमिमां प्रसुप्तां
सञ्ज ीवयत्यखिलशक्तिधरः स्वधाम्ना।
अन्यांश्च हस्तचरणश्रवणत्वगादीन्
प्राणान्नमो भगवते पुरुषाय तुभ्यम्॥

हे परमेश्वर, आप सर्वशक्तिमान हैं। मेरे अन्तःकरण में प्रवेश करके अपनी अन्तरंगा शक्ति से आपने मेरी सभी निश्चल इन्द्रियों को—हाथों, पाँवों, स्पर्शेन्द्रिय, प्राण तथा मेरी वाणी को पुनः जाग्रत कर दिया है। मैं आपको सादर नमस्कार करता हूँ।

एकस्त्वमेव भगवन्निदमात्मशक्त्या
मायाख्ययोरूगुणया महदाद्यशेषम्।
सृष्ट्वानुविश्य पुरुषस्तदसद्गुणेषु
नानेव दारूषु विभावसुवद्विभासि॥

हे भगवान्, आप सर्वश्रेष्ठ हैं, किन्तु आप आध्यात्मिक तथा भौतिक जगतों में अपनी विभिन्न शक्तियों के कारण भिन्न-भिन्न रूप से प्रकट होते है। आप अपनी बहिरंगा शक्ति से भौतिक जगत की समस्त शक्ति को उत्पन्न करके फिर उस भौतिक जगत में परमात्मा के रूप में प्रवेश कर जाते हैं। आप परम पुरुष हैं और क्षणिक गुणों से विभिन्न प्रकार की सृष्टि करते हैं, जैसे अग्नि विभिन्न आकार के काष्ठखंडों में प्रवेश कर विभिन्न रूपों में चमकती हुई जलती है।

त्वद्दत्तया वयुनयेदमचष्ट विश्वं
सुप्तप्रबुद्ध इव नाथ भवत्प्रपन्नः।
तस्यापवर्ग्यशरणं तव पादमूलं
विस्मर्यते कृतविदा कथमार्तबन्धो॥

हे प्रभु, ब्रह्मा पूर्ण रूप से आपके शरणागत हैं। तुम्हारे द्वारा प्रदत्त ज्ञान से वे समस्त ब्रह्मांड को उसी प्रकार देख और समझ पाये जिस प्रकार कोई मनुष्य नीद्रा से जगकर तुरन्त अपने कार्य समझने लगता है। आप मुक्ति के इच्छुक समस्त पुरुषों के एकमात्र आश्रय हैं और आप समस्त दीन-दुखियों के मित्र हैं। इसलिए पुर्ण ज्ञान से युक्त विद्वान पुरुष आपको किस प्रकार भुला सकता है?

या निर्वृतिस्तनुभृतां तव पादपद्म—
ध्यानाद्भवज्जनकथाश्रवणेन वा स्यात्।

सा ब्रह्माणि स्वमहिमन्यपि नाथ मा भूत्
किं त्वन्तकासिलुलितात्पततां विमानात्॥

हे भगवान्, आपके चरणकमलों के ध्यान से अथवा आपके अन्तरंगी भक्तों से आपकी महिमा का श्रवण करने से जो दिव्य आनन्द प्राप्त होता है, वह उस ब्रह्मानन्द अवस्था से कहीं बढ़कर है, जिसमें मनुष्य अपने आपको निर्गुण ब्रह्म से तदाकार हुआ सोचता है। चूँकि ब्रह्मानन्द भी भक्तिपूर्ण सेवा से प्राप्त दिव्य आनन्द से परास्त हो जाता है, इसलिए उस क्षणिक आनन्दमयता का क्या कहना, जिसमें कोई स्वर्ग तक पहुँच जाये और जो मृत्यु की तलवार के द्वारा विनष्ट हो जाता है, भले ही कोई स्वर्ग तक क्यों न उठ जाये, वह कालक्रम में नीचे गिर जाता है।

भक्तिं मुहुः प्रवहतां त्वयि मे प्रसङ्गो
भूयादनन्त महताममलाशयानाम्।
येनाञ्ज सोल्बणमुरूव्यसनं भवाधब्ध
नेष्ये भवद्गुणकथामृतपानमत्तः॥

हे अनन्त भगवान्, कृपया मुझे आशीर्वाद दें जिससे मैं उन महान् भक्तों की अन्तरंग संगति कर सकूँ जो आपकी दिव्य प्रेमा भक्ति में उसी प्रकार निरन्तर लगे रहते हैं जिस प्रकार नदी की तरंगें लगातार बहती रहती हैं। ऐसे महान् भक्त भौतिक कल्मष से रहित जीवन निर्वाह करते हैं। मुझे पूर्ण विश्वास है कि भक्तियोग से मैं इस संसार रूपी अज्ञान के महासागर को पार करने में सक्षम हूँगा जिसमें अग्नि की लपटों के सदृश भयंकर संकटों की लहरें उठ रही हैं। यह मेरे लिए सरल रहेगा, क्योंकि मैं आपके दिव्य गुणों तथा लीलाओं को श्रवण करने के लिए पागल हो रहा हूँ, जिनका अस्तित्व शाश्वत है।

ते न स्मरन्त्यतितरां प्रियमीश मर्त्यं
ये चान्वदः सुतसुहृमद्गृहवित्तदाराः।
ये त्वब्जनाभ भवदीयपदारविन्द-
सौगन्ध्यलुब्धहृदयेषु कृतप्रसङ्गाः॥

हे कमलनाभ भगवान्, यदि कोई व्यक्ति किसी ऐसे भक्त की संगति करता है, जिसका हृदय सर्वदा आपके चरणकमलों की सुगन्ध में आकृष्ट रहता है, तो वह न तो कभी अपने भौतिक शरीर के प्रति आसक्त रहता है और न पुत्र, मित्र, घर, सम्पति तथा पत्नी के प्रति देहात्मबुद्धि रखता है, जो भौतिकतावादी व्यक्तियों को अत्यन्त ही प्रिय हैं। वास्तव में, वह उनकी परवाह नहीं करता।

तिर्यङ्नगद्विजसरीसृपदेवदैत्य—

मर्त्यादिभिः परिचितं सदसद्विशेषम्।
रूपं स्थविष्ठमज ते महदाद्यनेकं
नातः परं परम वेद्मि न यत्र वादः॥

हे भगवान्, हे परम अजन्मा, मैं जानता हूँ कि जीवित प्राणियों की विभिन्न योनियाँ, जैसै कि पशुओं, वृक्ष, पक्षियों, सरीसृप, देवताओं तथा मनुष्यों पूरे ब्रह्मांड में फैली हुई हैं, जो समग्र भौतिक शक्ति से उत्पन्न हैं। मैं यह भी जानता हूँ कि ये कभी-कभी प्रकट तथा अप्रकट रूप में रहती हैं। परन्तु मैं ऐसा दिव्य रूप कभी नहीं देखा जैसा कि अब आप का देख रहा हूँ। अब कोई भी सिद्धान्त के बनाने की आवश्यकता नहीं रह गई है।

कल्पान्त एतदखिलं जठरेण गृह्णन्
शेते पुमान्स्वदृगनन्तसखस्तदङ्के।
यन्नाभिसिन्धुरूहकाञ्चनलोकपद्म—
गर्भे द्युमान्भगवते प्रणतोऽस्मि तस्मै॥

हे भगवान्, प्रत्येक कल्प के अन्त में भगवान् गर्भोदकशायी विष्णु ब्रह्मांड में दिखाई पड़नेवाली प्रत्येक वस्तु को अपने उदर में समाहित कर शेषनाग की गोद में लेट जाते हैं। उनकी नाभि से एक डंठल पर एक सुनहला कमल-पुष्प उगता है और इस कमल-पुष्प पर ब्रह्माजी उत्पन्न होते हैं। मैं समझ सकता हूँ कि आप वही परमेश्वर हैं। इसलिए मैं आपको सादर नमस्कार करता हूँ।

त्वं नित्यमुक्तपरिशुद्धविबुद्ध आत्मा
कूटस्थ आदिपुरुषो भगवांस्त्र्यधीशः।
यद्बुद्ध्यवस्थितिमखण्डितया स्वदृष्टया
द्रष्टा स्थितावधिमखो व्यतिरिक्त आस्से॥

हे भगवान्, अपनी अखंड दिव्य दृष्टि से आप बौद्धिक कार्यों की समस्त अवस्थाओं के परम साक्षी हैं। आप शाश्वत-मुक्त हैं, आप शुद्ध सत्व में विद्यमान रहते हैं और अपरिवर्तित रूप में परमात्मा में विद्यमान रहते हैं। आप छह ऐश्वर्यों से पूर्ण भगवान् हैं और भौतिक प्रकृति के तीनों गुणों के शाश्वत स्वामी हैं। इस तरह आप सामान्य जीवित प्राणियों से सर्वदा भिन्न रहते हैं। विष्णु रूप में आप सारे ब्रह्मांड के कार्यों का लेखा-जोखा रखते हैं, तो भी आप अलग रहते हैं और समस्त यज्ञों के भोक्ता हैं।

यस्मिन्विरूद्धगतयो ह्यनिशं पतन्ति
विद्यादयो विविधशक्तय आनुपूर्व्यात्।

तद्ब्रह्म विश्वभवमेकमनन्तमाद्य—
मानन्दमात्रमविकारमहं प्रपद्ये ॥

हे भगवान्, ब्रह्म के आप के प्राकट्य में सर्वदा दो विरोधी तत्व ज्ञान तथा अविद्या रहते हैं। आपकी विभिन्न शक्तियाँ निरन्तर प्रकट होती हैं, किन्तु निर्गुण ब्रह्म भौतिक उत्पत्ति का कारण है, जो अपार, आदि, अपरिवर्तित, असीम तथा आनन्दमय है। चूँकि आप वही निर्गुण ब्रह्म हैं, इसलिए मैं आपको सादर नमस्कार करता हूँ।

सत्याशिषो हि भगवंस्तव पादपद्म—
माशीस्तथानुभजतः पुरुषार्थमूर्तेः।
अप्येवमर्य भगवान्परिपाति दीनान्
वाश्रेव वत्सकमनुग्रहकातरोऽस्मान् ॥

हे भगवान्, हे परमेश्वर, आप समस्त वरों के परम साक्षात् रूप हैं, इसलिए जो बिना किसी कामना के आपकी भक्ति पर दृढ़ रहता है, उसके लिए राजा बनने तथा राज करने की अपेक्षा आपके चरण-कमलों की पूजा करना श्रेयस्कर है। आपके चरण-कमलों की पूजा का यही वरदान है। मुझ जैसे अज्ञानी भक्त के लिए आप पूर्ण परिपालक हैं, जैसे गाय अपने नवजात बछड़े को दुध पिलाती है और संकट से उसकी रक्षा करके उसकी देखभाल करती है।

धरोवाच

नमः परस्मै पुरुषाय मायया
विन्यस्तनानातनवे गुणात्मने।
नमः स्वरूपानुभवेन निर्धुत—
द्रव्यक्रियाकारकविभ्रमोर्मये ॥

हे भगवान्, आपकी स्थिति दिव्य है और आपने अपनी माया के द्वारा तीनों गुणों की अन्योन्य क्रिया से स्वयं को विभिन्न रूपों तथा योनियों में विस्तारित कर रखा है। अन्य कुछ स्वामियों से पृथक आप सर्वदा दिव्य स्थिति में रहते हैं और भौतिक सृष्टि द्वारा प्रभावित नहीं होते जो विभिन्न भौतिक अन्योन्य क्रियाओं से प्रभावित है। परिणाम स्वरूप आप भौतिक कर्मों से मोहग्रस्त नहीं होते।

नुनं बतेशस्य समीहितं जनै—
स्तन्मायया दुर्जययाकृतात्मभिः।
न लक्ष्यते यस्त्वकरोदकारयद्—
योऽनेक एकः परतश्च ईश्वरः ॥

हे भगवान्, यद्यपि आप एक हैं, फिर भी आपने अपनी अकल्पनीय शक्तियों द्वारा अपने को विभिन्न रूपों में विस्तारित कर रखा है। आपने इस ब्रह्मांड की रचना ब्रह्मा के माध्यम से की है। इसलिए आप पूर्ण पुरुषोत्तम भगवान् हैं। जो लोग लोग आपके दिव्य कार्यों को समझ नहीं सकते, वे अधिक अनुभवी नहीं हैं क्योंकि वे लोग आपकी माया के वशीभूत हैं।

सर्गादि योऽस्यानुरूणद्धि शक्तिभि—
र्द्रव्यक्रियाकारकचेतनात्मभिः।
तस्मै समुन्नद्धनिरूद्धशक्तये
नमः परस्मै पुरुषाय वेधसे॥

हे भगवान्, आप अपनी शक्तियों द्वारा भौतिक तत्त्वों, इन्द्रियों, इनके नियामक देवों, बुद्धि, अहंकार तथा प्रत्येक वस्तु की उत्पत्ति की है। अपनी शक्ति से इस सपूर्ण दृश्य जगत की सृष्टि, पालन, और संहार करते हैं। आपकी ही शक्ति के द्वारा प्रत्येक वस्तु कभी प्रकट होती है और कभी प्रकट नहीं होती है। इसलिए आप समस्त कारणों के कारण पुरुषोत्तम भगवान् हैं। मैं आपको सादर नमस्कार करती हूँ।

स वै भवानात्मविनिर्मितं जगद्
भूतेन्द्रियान्तःकरणात्मकं विभो।
संस्थापयिष्यन्नज मां रसातला—
दभ्युज्जहाराम्भस आदिसूकरः॥

हे भगवान्, आप अजन्मा हैं। एक बार आपने आदि सूकर अवतार के रूप में मुझे जल के भीतर से ऊपर उठा लिया था। आपने इस संसार के पालन हेतु अपनी शक्तियों द्वारा समस्त भौतिक तत्त्वों, इन्द्रियों, तथा मन की उत्पत्ति की है।

नूनं जनैरीहितमीश्वराणा—
अस्मद्विधैस्तद्गुणसर्गमायया।
न ज्ञायते मोहितचित्तवर्त्मभि—
स्तेभ्यो नमो वीरयशस्करेभ्यः॥

हे भगवान्, मैं भी आपकी भौतिक प्रकृति के गुणों से सृष्टि हुआ हूँ, परिणाम स्वरूप मैं आपकी गतिविधियों से भ्रमित हूँ। जब आपके भक्तों के गतिविधियाँ समझ से परे हैं, तो फिर आपकी लीलाओं के सम्बन्ध में क्या कहा जाये? इस प्रकार प्रत्येक वस्तु हमें विरोधाभासी और आश्चर्यजनक लगती है।

राजोवाच

तेषामहं पादसरोजरेणु—
मार्या वहेयाधिकिरीटमायुः।
यं नित्यदा बिभ्रत आशु पापं
नश्यत्यमुं सर्वगुणा भजन्ति॥

यहाँ पर उपस्थित हे आर्यगण, मैं आपका आशीर्वाद चाहता हूँ कि मैं आजीवन अपने मुकुट में ऐसे ब्राह्मणों तथा वैष्णवों के चरणकमलों की धूलि धारण करता रहूँ। जो ऐसी चरण की धूलि धारण करता है, वह शीघ्र ही पापकर्म की फलों से मुक्त हो जाता है और अंततः समस्त उत्तम तथा वांछित गुणों से परिपूर्ण हो जाता है।

मैत्रेय उवाच

नमो विवृद्धसत्त्वाय पुरुषाय महीयसे।
यो ब्रह्म क्षत्रमाविश्य बिभर्तिदं स्वतेजसा॥

हे प्रभु, आप विशुद्ध सत्त्व-स्थिति को प्राप्त हैं, इसलिए आप परमेश्वर के सक्षम प्रतिनिधि हैं। आप अपने तेज से ही महिमावान हैं और इस तरह ब्राह्मण-संस्कृति को पुनर्स्थापित करते हुए सारे संसार का पालन करते हैं तथा अपने क्षेत्रीय धर्म का निर्वाह करते हुए प्रत्येक व्यक्ति की रक्षा करते हैं। हे भगवान् आपको में नमस्कार करता हूँ।

रूद्र उवाच

यः परं रंहसः साक्षात्त्रिगुणाज्जीवसंज्ञितात्।
भगवन्तं वासुदेवं प्रपन्नः स प्रियो हि मे॥

जो मनुष्य प्रकृति तथा जीवात्माओं में से प्रत्येक के अधिष्ठाता भगवान् कृष्ण के शरणागत है, वह वास्तव में मुझे अत्यंत ही प्रिय है।

अथ भागवता यूयं प्रियाः स्थ भगवान्यथा।
न मद्भागवतानां च प्रेयानन्योऽस्ति कर्हिचित्॥

तुम सभी भगवान् के भक्त हो, इसलिए तुम सभी भक्त मेरे लिए भगवान् के समान पूज्य हो। इस तरह से मैं यह जानता हूँ कि भक्त भी मेरा आदर करते हैं और मैं उन्हें अत्यन्त प्रिय हूँ। इस तरह भक्तों को मेरे समान अन्य कोई प्रिय नहीं हो सकता है।

जितं त आत्मविद्धुर्यस्वस्तये स्वस्तिरस्तु मे।
भवताराधसा राद्धं सर्वस्मा आत्मने नमः॥

शिवजी ने पूर्ण पुरुषोत्तम भगवान् की इस प्रकार स्तुति कीन्हे भगवान्, आप धन्य हैं। आप समस्त स्वरूपसिद्धों में महान् हैं चूंकि आप उनका सर्वदा कल्याण करने वाले हैं, इसलिए आप मेरा भी कल्याण करें। आप अपने सर्वात्मक उपदेशों के कारण पूज्य हैं। आप परमात्मा हैं, इसलिए हे पुरुषोत्तम स्वरुप आपको में नमस्कार करता हूँ।

नमः पङ्कजनाभाय भूतसूक्ष्मेन्द्रियात्मने।
वासुदेवाय शान्ताय कूटस्थाय स्वरोचिषे॥

हे भगवान्, आपकी नाभी से कमल पुष्प प्रकट होता है, इस प्रकार आप सृष्टि के उद्‌गम हैं। आप इन्द्रियों तथा तन्मात्राओं के नियामक हैं। आप सर्वव्यापी वासुदेव भी हैं। आप परम शान्त हैं और स्वयंप्रकाशित होने के कारण आप छह प्रकार के विकारों से विचलित नहीं होते। हे भगवान् आपको में नमस्कार करता हूँ।

सङ्कर्षणाय सूक्ष्माय दुरन्तायान्तकाय च।
नमो विश्वप्रबोधाय प्रद्युम्नायान्तरात्मने॥

हे भगवान्, आप सूक्ष्म रूप के भौतिक तत्त्वों के उद्‌गम, समस्त संघटन और संहार के स्वामी, संकर्षण नामक अधिष्ठाता तथा सतस्त बुद्धि के अधिष्ठाता प्रद्युम्न हैं। इसलिए मैं आपको सादर नमस्कार करता हूँ।

नमो नमोऽनिरूद्धाय हृषीकेशेन्द्रियात्मने।
नमः परमहंसाय पूर्णाय निभृतात्मने॥

हे परम अधिष्ठाता अनिरूद्ध रूप भगवान्, आप इन्द्रियों तथा मन के स्वामी हैं। इसलिए मैं आपको सादर नमस्कार करता हूँ। आप अनन्त तथा साथ ही साथ संकर्षण कहलाते हैं, क्योंकि आप अपने मुख से निकलने वाली धधकती आग से सारी सृष्टि का विनाश करने की सामर्थ्य रखते हैं। हे पूर्ण परमहंस मैं आपको नमस्कार करता हूँ।

स्वर्गापवर्गद्वाराय नित्यं शुचिषदे नमः।
नमो हिरण्यवीर्याय चातुर्होत्राय तन्तवे॥

हे भगवान् अनिरूद्ध, आपके आदेश से स्वर्ग तथा मोक्ष के द्वार खुलते हैं। आप निरन्तर प्राणियों के शुद्ध हृदय में निवास करते हैं, इसलिए मैं आपको सादर नमस्कार करता हूँ। आप स्वर्ण सदृश वीर्य के स्वामी हैं और इस प्रकार आप आग के

रूप में चातुर्होत्र नामक वैदिक यज्ञों में सहायता करते हैं। इसलिए मैं आपको सादर नमस्कार करता हूँ।

नम ऊर्ज इषे त्रय्याः पतये यज्ञरेतसे।
तृप्तिदाय च जीवानां नमः सर्वरसात्मने॥

हे भगवान्, आप पितृलोक तथा समस्त देवताओं के भी पोषक हैं। आप चन्द्रमा के प्रमुख श्रीविग्रह और तीनों वेदों के स्वामी हैं। मैं आपको सादर नमस्कार करता हूँ, क्योंकि आप समस्त प्राणियों की तृप्ति के मूल स्रोत हैं।

सर्वसत्त्वात्मदेहाय विशेषाय स्थवीयसे।
नमस्त्रैलोक्यपालाय सह ओजोबलाय च॥

हे भगवान्, आप विराटस्वरूप हैं जिसमें समस्त जीवित प्राणियों के शरीर समाहित हैं। आप तीनों लोकों के पालक हैं, परिणाम स्वरूप आप मन, इन्द्रियों, शरीर तथा प्राण का पालन करने वाले हैं। इसलिए मैं आपको सादर नमस्कार करता हूँ।

अर्थलिङ्गाय नभसे नमोऽन्तर्बहिरात्मने।
नमः पुण्याय लोकाय अमुष्मै भूरिवर्चसे॥

हे भगवान्, आप अपनी दिव्य वाणी को प्रसारित करके प्रत्येक वस्तु का वास्तविक अर्थ प्रकट करने वाले हैं। आप भीतर तथा बाहर सर्वव्याप्त आकाश हैं और इस लोक में तथा इससे परे किये जाने वाले समस्त पुण्यकर्मों के परम लक्ष्य हैं। इसलिए मैं आपको बार बार नमस्कार करता हूँ।

यथा प्रकाशयत्येकः कृत्स्नं लोकमिमं रविः।
क्षेत्रं क्षेत्री तथा कृत्स्नं प्रकाशयति भारत॥

हे भरतवंशी, जिस प्रकार इस ब्रह्मांड को अकेला सूर्य प्रकाशित करता है, उसी प्रकार जीवात्मा तथा परमात्मा चेतना द्वारा सम्पूर्ण शरीर को प्रकाशित करते हैं।

प्रवृत्ताय निवृत्ताय पितृदेवाय कर्मणे।
नमोऽधर्मविपाकाय मृत्यवे दुःखदाय च॥

हे भगवान्, आप पुण्यकर्मों के फलों के दर्शक हैं। आप प्रवृत्ति, निवृत्ति तथा उनके कर्मों के फल हैं। आप अधर्म से पैदा हुआ जीवन के समस्त प्रकार के दुखों के कारण भी हैं, अतः आप मृत्यु हैं। मैं आपको सादर नमस्कार करता हूँ।

नमस्त आशिषामीश मनवे कारणात्मने
नमो धर्माय बृहते कृष्णायाकुंठमेधसे।
पुरुषाय पुराणाय साङ्ख्ययोगेश्वराय च॥

हे भगवान्, आप समस्त आशीर्वादों को प्रदान करने वालों में सर्वश्रेष्ठ हैं, सबसे प्राचीन तथा समस्त भोक्ताओं में परम भोक्ता हैं। आप समस्त सांख्य योग्य के नियमों के अधिष्ठाता हैं। आप समस्त कारणों के परम कारण भगवान् कृष्ण हैं। आप सभी धर्मों में श्रेष्ठ है, आप परम मन हैं और आपका चेतना ऐसा है, जो कभी कुण्ठित् नहीं होता।

शक्तित्रयसमेताय मीढुषेऽहङ्कृतात्मने।
चेतआकूतिरूपाय नमो वाचो विभूतये॥

हे भगवान्, आप तीनों शक्तियों यथा कर्ता, करण और कर्म के नियामक हैं। इसलिए आप शरीर, मन तथा इन्द्रियों के परम संचालक हैं। आप अहंकार के परम संचालक रूद्र भी हैं। आप वैदिक आदेशों के ज्ञान तथा उनके अनुसार किए जाने वाले कर्मों के स्त्रोत हैं।

दर्शनं नो दिदृक्षूणां देहि भागवतार्चितम्।
रूपं प्रियतमं स्वानां सर्वेन्द्रियगुणाञ्ज नम्॥

हे भगवान्, मैं आपको उस रूप में देखने का इच्छुक हूँ, जो रूप आपके अत्यन्त प्रिय भक्त द्वारा पूजित होता हैं। आपके अन्य अनेक रूप हैं, परन्तु मैं तो उस रूप का दर्शन करना चाहता हूँ जो भक्तों को विशेष प्रिय है। आप मुझ पर कृपा करें और वह स्वरूप दिखलाएँ, क्योंकि वही रूप इन्द्रियों की इच्छाओं को पूरा कर सकता है जिस रूप की भक्त पूजा करते हैं।

स्निग्धप्रावृड्घनश्यामं सर्वसौन्दर्यसङ्ग्रहम्।
चार्वायतचतुर्बाहु सुजातरूचिराननम्॥
पद्मकोशपलाशाक्षं सुन्दरभ्रु सुनासिकम्।
सुद्विजं सुकपोलास्यं समकर्णविभूषणम्॥

भगवान् की सुन्दरता वर्षाकाल के घने श्याम बादलों के समान है। उनके शारीरिक अंग वृष्टि जल के समान चमकीले हैं। दरअसल, वे समस्त सौन्दर्य के समष्टि हैं। उनकी चार भुजाएँ, सुन्दर मुख हैं और उनके नेत्र कमल पुष्प के पंखुड़ियों के समान हैं। उनकी नाक उन्नत, उनकी सुन्दर हँसी मोहने वाली, उनके दाँत और कान सुन्दर तथा उनका मस्तक सुन्दर और वे आभूषणों से सज्जित हैं।

पदा शरत्पद्मपलाशरोचिषा
नखद्युभिर्नोऽन्तरघं विधुन्वता।
प्रदर्शय स्वीयमपास्तसाध्वसं
पदं गुरो मार्गगुरुस्तमोजुषाम्॥

हे भगवान्, आपके दोनों चरणकमल इतने सुन्दर हैं मानो शरत् ऋतु में उगने वाले कमल पुष्प के खिलते हुए दो दल हों। दरअसल, आपके चरणकमलों के नाखूनों से इतना तेज निकलता है कि वह बद्धजीव के हृदय के सारे अन्धकार को तुरन्त दूर कर देता है। हे स्वामी, मुझे आप आपना स्वरूप दिखलाएँ जो किसी भी भक्त के हृदय के अन्धकार को दूर कर देता है। मेरे भगवान्, आप सबों के परम गुरु हैं, इसलिए आप जैसे गुरु के द्वारा अज्ञान के अन्धकार से आवृत सारे बद्धजीव प्रकाश प्राप्त कर सकते हैं।

अथानघाङ्घ्रेस्तव कीर्तितीर्थयो—
रन्तर्बहिः स्नानविधूतपाप्मनाम्।
भूतेष्वनुक्रोशसुसत्त्वशीलिनां
स्यात्सङ्गमोऽनुग्रह एष नस्तव॥

हे भगवान्, आपके चरणकमल समस्त कल्याण के कारण हैं और समस्त पापों को नष्ट करने वाले हैं। इसलिए मेरी आपसे प्रार्थना है कि आप मुझे अपने भक्तों की संगति का आशीर्वाद दें, क्योंकि आपके चरणकमलों की पूजा करने से वे पूर्णतया शुद्ध हो चुके हैं और बद्धजीवों पर अत्यन्त कृपालु हैं। मेरी समझ में तो आपका असली आशीर्वाद यही होगा कि आप मुझे ऐसे भक्तों की संगति की अनुमति दें।

यत्रेदं व्यज्यते विश्वं विश्वस्मिन्नवभाति यत्।
तत्त्वं ब्रह्म परं ज्योतिराकाशमिव विस्तृतम्॥

हे भगवान्, निर्गुण ब्रह्म सूर्य के दिव्य प्रकाश अथवा आकाश सदृश सर्वत्र फैला हुआ है। जो सारे ब्रह्मांड भर में फैला हुआ है तथा जिसमें सारा ब्रह्मांड दिखाई देता है, वह निर्गुण ब्रह्म आप ही हैं।

यो माययेदं पुरुरूपायसृजद्
बिभर्ति भूयः क्षपयत्यविक्रियः।
यद्भेदबुद्धिः सदिवात्मदुःस्थया
त्वमात्मतन्त्रं भगवन्प्रतीमहि॥

हे भगवान्, आपकी शक्तियाँ अनेक हैं और वे विभिन्न रूपों में प्रकट होती हैं। आपने ऐसी ही शक्तियों द्वारा इस दृश्य जगत की उत्पत्ति की है और यदि ऐसा है तो आप इसका पालन इस तरह करते हैं मानो यह चिरस्थायी हो, किन्तु अन्त में आप इसका संहार कर देते हैं। ऐसे परिवर्तनों द्वारा जीवात्माएँ विचलित रहती हैं, परन्तु आप कभी-भी इनसे विचलित नहीं होते, अतः वे इस दृश्य जगत को आपसे पृथक् मानती हैं। हे भगवन्, आप सर्वदा स्वतन्त्र हैं और मैं तो इसे प्रत्यक्ष

देख रहा हूँ।

क्रियाकलापैरिदमेव योगिनः
श्रद्धान्विताः साधु यजन्ति सिद्धये।
भूतेन्द्रियान्तःकरणोपलक्षितं
वेदे च तन्त्रे च त एव कोविदाः॥

हे भगवान्, आपका विराट रूप, इन्द्रियों, मन, बुद्धि, अहंकार तथा आपके अंश रूप सर्व नियामक परमात्मा इन सभी पाँच तत्त्वों से बना है। भक्तों के अतिरिक्त अन्य योगी यथा कर्मयोगी तथा ज्ञानयोगी अपने-अपने पदों में अपने-अपने कार्यों द्वारा आपकी पूजा करते हैं। वेदों में तथा शास्त्रों में जो वेदों के निष्कर्ष हैं, कहा गया है कि केवल आप ही पूज्य हैं। सभी वेदों का यही अभिमत है।

त्वमेक आद्यः पुरुषः सुप्तशक्ति—
स्तया रजःसत्त्वतमो विभिद्यते।
महानहं खं मरुदग्निवार्धराः
सुरर्षयो भूतगणा इदं यतः॥

हे भगवान्, आप समस्त कारणों के परम कारण एकमात्र परम पुरुष हैं। इस भौतिक जगत की सृष्टि के पहले आपकी भौतिक शक्ति सुप्त रहती है, किन्तु जब आपकी शक्ति गतिशील होती है, तो आपके तीनों गुण यथा सत्त्व, रज तथा तमो गुण क्रिया करते हैं। परिणाम स्वरूप समष्टि भौतिक शक्ति अर्थात् अहंकार, आकाश, वायु, अग्नि, जल, पृथ्वी तथा विभिन्न देवता एवं ऋषिगण प्रकट होते हैं। इस प्रकार भौतिक जगत की उत्पत्ति होती है।

कस्त्वत्पदाब्जं विजहाति पण्डितो
यस्तेऽवमानव्ययमानकेतनः।
विशङ्कयास्मद्गुरुरर्चति स्म यद्
विनोपपत्तिं मनवश्चतुर्दश॥

हे भगवान्, प्रत्येक विद्वान् पुरुष जानता है कि सारा जीवन आपकी पूजा के बिना व्यर्थ है। भला यह जानते हुए वह आपके चरणकमलों की उपासना में अवहेलना क्यों करेगा यहाँ तक कि हमारे गुरु तथा पिता ब्रह्मा ने बिना किसी भेदभाव के आपकी आराधना की और चौदहों मनओं ने उनका अनुसरण किया।

विन्दते पुरुषोऽमुष्माद्यद्यदिच्छत्यसत्वरम्।

मद्गीतगीतात्सुप्रीताच्छ्रेयसामेकवल्लभात् ॥

समस्त शुभ आशीर्वादों में से प्रियतम वस्तु भगवान् हैं। मेरे द्वारा गाये गये इस गीत को जो मनुष्य गाता है, वह भगवान् को प्रसन्न कर सकता है। ऐसा भक्त भगवान् की भक्ति में स्थिर होकर परमेश्वर से मनवाञ्छित फल प्राप्त कर सकता है।

चिन्तामणिप्रकरसद्मसु कल्पवृक्ष—
लक्षावृतेषु सुरभीरभिपालयन्तम्।
लक्ष्मीसहस्त्रशतसम्भ्रमसेव्यमानं
गोविन्दमादिपुरुषं तमहं भजामि ॥

मैं उन आदि भगवान् प्रथम प्रजापति गोविन्द की पूजा करता हूँ जो चिन्तामणि से बने तथा लाखों कल्पवृक्षों से घिरे आवासों में गायों का पालन करते हैं तथा समस्त इच्छाओं को प्रदान करने वाले हैं। लाखों लक्ष्मियाँ अथवा गोपियाँ बड़े ही आदर तथा प्रेम से सर्वदा उनकी सेवा करती रहती हैं।

प्रचेतस ऊचुः

नमो नमः क्लेशविनाशनाय
निरूपितोदारगुणाह्वयाय।
मनोवचोवेगपुरोजवाय
सर्वाक्षमार्गैरगताध्वने नमः ॥

हे भगवान्, हम आपको नमस्कार करते हैं, आप समस्त प्रकार के भौतिक दुखों को दूर करने वाले हैं। आपके उदार दिव्य गुण तथा पवित्र नाम कल्याणप्रद हैं। इसका निर्णय पहले ही हो चुका है। आप मन तथा वाणी से भी अधिक वेग से जा सकते हैं। आपकी दर्शन भौतिक इन्द्रियों द्वारा नहीं किया जा सकता। इसलिए हम आपको बारम्बार सादर नमस्कार करते हैं।

शुद्धाय शान्ताय नमः स्वनिष्ठया
मनस्यपार्थं विलसद्द्वयाय।
नमो जगत्स्थानलयोदयेषु
गृहीतमायागुणविग्रहाय ॥

हे भगवान्, हम आपको नमस्कार करते हैं, जब मन आप में स्थिर होते हैं, तो यह द्वैत जगत भौतिक सुखों का स्थान होते हुए भी व्यर्थ लगता है। आपका दिव्य रूप दिव्य आनन्द से परिपूर्ण है। अतः हम आपको नमस्कार करते हैं। ब्रह्मा, विष्णु

तथा शिव के रूप में आपका प्राकव्य इस दृश्य जगत की उत्पत्ति, पालन तथा संहार के उद्देश्य से होता है।

नमो विशुद्धसत्त्वाय हरये हरिमेधसे।
वासुदेवाय कृष्णाय प्रभवे सर्वसात्वताम्॥

हे भगवान्, हम आपको नमस्कार करते हैं, क्योंकि आपका अस्तित्व समस्त भौतिक प्रभावों से पूरी तरह से मुक्त है। आप सर्वदा अपने भक्तों के समस्त प्रकार के कष्टों को हर लेते हैं, क्योंकि आपका मस्तिक जानता है कि ऐसा किस प्रकार करना चाहिए। आप परमात्मा रूप में सर्वत्र स्थित होने के कारण वासुदेव कहलाते हैं। आप वासुदेव को अपना पिता मानते हैं और आप कृष्ण नाम से विख्यात हैं। आप इतने दयालु हैं कि अपने समस्त प्रकार के भक्तों के प्रभाव को बढ़ाते हैं।

नमः कमलनाभाय नमः कमलमालिने।
नमः कमलपादाय नमस्ते कमलेक्षण॥

हे भगवान्, हम आपको नमस्कार करते हैं, क्योंकि आपकी नाभी से कमल पुष्प प्रकट होता है, जो समस्त जीवों का उद्गम है। आप सर्वदा कमल पुष्प की माला से सुशोभित रहते हैं और आपके चरणकमल सुगन्धित कमल पुष्प के समान हैं। आपके नेत्र भी कमल पुष्प की पंखुड़ियों के सदृश हैं, अतः हम आपको सादर नमस्कार करते हैं।

नमः कमलकिञ्ज ल्कपिशङ्गामलवाससे।
सर्वभूतनिवासाय नमोऽयुङ्क्ष्महि साक्षिणे॥

हे भगवान्, आपके द्वारा धारण किया गया वस्त्र कमल पुष्प के केसर के समान पीले रंग का है, किन्तु यह किसी भी भौतिक पदार्थ के द्वारा बना हुआ नहीं है। प्रत्येक हृदय में निवास करने के कारण आप समस्त जीवों के समस्त कार्यों के प्रत्यक्ष साक्षी हैं। हम आपको बारम्बार सादर नमस्कार करते हैं।

असावेव वरोऽस्माकमीप्सितो जगतः पते।
प्रसन्नो भगवान्येषामपवर्गगुरुर्गतिः॥

हे जगत् के स्वामी, आप भक्तियोग के वास्तविक शिक्षक हैं। हमें सन्तोष है कि आप ही हमारे जीवन के परमलक्ष्य हैं और हम प्रार्थना करते हैं कि आप हम पर प्रसन्न हों। यही हमारा इच्छित वर है। हम आपकी पूर्ण प्रसन्नता के अतिरिक्त और कुछ भी कामना नहीं करते।

वरं वृणीमहेऽथापि नाथ त्वत्परतः परात्।
न ह्यन्तस्त्वद्विभूतीनां सोऽनन्त इति गीयसे॥

अतः हे स्वामी, हम आपसे वर देने के लिए प्रार्थना करेंगे, क्योंकि आप समस्त दिव्य प्रकृति से परे हैं और आपके ऐश्वर्यों का कोई अन्त नहीं है। इसलिए आप अनन्त नाम से विख्यात हैं।

मनुः स्वयम्भूर्भगवान्भवश्च
येऽन्ये तपोज्ञानविशुद्धसत्त्वाः।
अदृष्टपारा अपि यन्महिम्नः
स्तुवन्त्यथो त्वात्मसमं गृणीमः॥

हे भगवान्, तप तथा ज्ञान के कारण सिद्धिप्राप्त बड़े-बड़े योगी तथा शुद्ध अस्तित्व में स्थित लोगों के साथ-साथ मनु, ब्रह्मा तथा शिव जैसे महापुरुष भी आपकी महिमा तथा शक्तियों को पूरी तरह नहीं समझ पाते हैं। फिर भी वे यथाशक्ति आपकी प्रार्थना करते हैं। उसी प्रकार हम इन महापुरुषों से काफी छोटा होते हुए भी अपने सामर्थ्य के अनुसार प्रार्थना कर रहे हैं।

नमः समाय शुद्धाय पुरुषाय पराय च।
वासुदेवाय सत्त्वाय तुभ्यं भगवते नमः॥

हे भगवान्, आपके न शत्रु हैं न तो मित्र। अतः आप सबों के लिए समान हैं। आप पापकर्मों के द्वारा दूषित नहीं होते और आपका दिव्य रूप सर्वदा भौतिक सृष्टि से परे है। आप पूर्ण पुरुषोत्तम भगवान् हैं, क्योंकि आप सर्वव्यापी हैं, इसलिए आप वासुदेव कहलाते हैं। हम आपको सादर नमस्कार करते हैं।

यावत्ते मायया स्पृष्टा भ्रमाम इह कर्मभिः।
तावद्भवत्प्रसङ्गानां सङ्गः स्यान्नो भवे भवे॥

हे स्वामी, हमारी प्रार्थना है की जब तक हम अपने सांसारिक कल्मष के कारण इस संसार में रहें और एक शरीर से दूसरे शरीर में तथा एक लोक से दूसरे लोक में घूमते रहें, तब तक हम उनकी संगति में रहें जो आपकी लीलाओं की चर्चा करने में लगे रहते हैं। हम जन्म-जन्मान्तर विभिन्न शारीरिक रूपों में और विभिन्न लोकों में इसी वर के लिए प्रार्थना करते हैं।

राजोवाच

नमो महद्भ्योऽस्तु नमः शिशुभ्यो
नमो युवभ्यो नम आवटुभ्यः।
ये ब्राह्मणा गामवधूतलिङ्गा—
श्चरन्ति तेभ्यः शिवमस्तु राज्ञाम्॥

मैं उन महापुरुषों को नमस्कार करता हूँ जो शिशु, युवा बालक, दिव्य ज्ञान में सिद्ध या महान ब्राह्मण के रूप में पृथ्वी पर विचरण करते हैं। यदि वे विभिन्न वेशों में छिपे हुए हैं, तो भी मैं उन सबको नमस्कार करता हूँ। उनके अनुग्रह से उनका अपमान करने वाले राजवंशों का कल्याण हो।

श्रीभगवानुवाच

ॐ नमो भगवते महापुरुषाय
सर्वगुणसङ्ख्यानायानन्तायाव्यक्ताय नम इति॥

हे पूर्ण पुरुषोत्तम भगवान्, में संकर्षण के रूप में आपको आदरपूर्वक प्रणाम करता हूँ। आप समस्त दिव्य गुणों के आगार हैं। यद्यपि आप अनन्त होकर भी आप अभक्तों के लिए अप्रकट रहते हैं।

भजे भजन्यारणपादपङ्कजं
भगस्य कृत्स्नस्य परं परायणम्।
भक्तेष्वलं भावितभूतभावनं
भवापहं त्वा भवभावमीश्वरम्॥

हे प्रभो, आप ही केवल एकमात्र आराध्य हैं, क्योंकि आप ही समस्त ऐश्वर्यों के आगार पूर्ण पुरुषोत्तम भगवान् हैं। आपके चरण-कमल आपके सभी भक्तों के लिए सुरक्षा का एकमात्र स्रोत हैं। आप अपने आप को विभिन्न रूप में प्रकट करते हुए भक्तों को सन्तुष्ट करने वाले हैं। हे प्रभो, आप अपने भक्तों को भौतिक संसार के चंगुल से बचाने वाले हैं। आपकी इच्छा के कारण अभक्त लोग इस भौतिक संसार में उलझे रहते हैं। कृपया आप मुझे अपने नित्य दास के रूप में स्वीकार करें।

यस्याद्य आसीद्गुणविग्रहो महान्
विज्ञानधिष्ण्यो भगवानजः किल।
यत्सम्भवोऽहं त्रिवृता स्वतेजसा
वैकारिकं तामसमैन्द्रियं सृजे॥
एते वयं यस्य वशे महात्मनः
स्थिताः शकुन्ता इव सूत्रयन्त्रिताः।
महानहं वैकृततामसेद्रियाः
सृजाम सर्वे यदनुग्रहादिदम्॥

पूर्ण पुरुषोत्तम भगवान् से ही ब्रह्माजी प्रकट होते हैं, जिनका शरीर महत् तत्त्व से निर्मित है और वह भौतिक प्रकृति के रजोगुण द्वारा प्रभावित बुद्धि का आगार है।

ब्रह्माजी से मैं स्वयं रूद्र, मिथ्या अहंकार रूप में उत्पन्न हुआ हूँ। मैं अपनी शक्ति से अन्य सभी देवताओं, पंच तत्त्वों तथा इन्द्रियों को जन्म देता हूँ। इसलिए मैं पूर्ण पुरुषोत्तम भगवान् की आराधना करता हूँ। वे हम सबों से श्रेष्ठ हैं और जिनके नियन्त्रण में समस्त देवता, महत् तत्त्व तथा इन्द्रियाँ, यहाँ तक कि ब्रह्माजी और स्वयं मैं भी, एक डोरी से बँधे पक्षियों कि तरह स्थित हैं। केवल उन्हीं के अनुग्रह से हम यह भौतिक जगत का सृष्टि, पालन एवं संहार करते हैं। इसलिए मैं परमब्रह्म को सादर नमस्कार करता हूँ।

यन्निर्मितां कर्ह्यपि कर्मपर्वणीं
मायां जनोऽयं गुणसर्गमोहित: ।
न वेद निस्तारणयोगमञ्ज सा
तस्मै नमस्ते विलयोदयात्मने ॥

श्रीभगवान् की माया हम सभी जीवात्माओं को इस भौतिक जगत से बाँधती है, इसलिए उनकी अपार कृपा के बिना हमारे जैसे तुच्छ प्राणी यह समझ नहीं पाते की उस माया से कैसे बाहर निकलना है। मैं उन श्रीभगवान् को सादर नमस्कार करता हूँ जो इस भौतिक जगत की उत्पत्ति और लय के कारणस्वरूप हैं।

भद्रश्रवस ऊचु:

ॐ नमो भगवते धर्मायात्मविशोधनाय नम इति ॥

इस भौतिक जगत में बद्धजीव के चित्त को शुद्ध करने वाले, सभी धार्मिक विधानों के आगार भगवान् को हमारा नमस्कार है। हम उन्हें बारम्बार सादर नमस्कार हैं।

ॐ नमो भगवते नरसिंहाय नमस्तेजस्तेजसे आविराविर्भव
वज्रनख वज्रदंष्ट्र कर्माशयान्रन्धय रन्धय तमो ग्रस ग्रस ?
स्वाहा अभयमभयमात्मनि भूयिष्ठा ॐ क्षौम् ॥

मैं उन भगवान् नृसिंहदेव को नमस्कार करता हूँ, जो समस्त तेज के स्त्रोत है। हे वज्र के समान नख तथा दाँतों वाले प्रभु आप हमारे हृदय में पूर्ण रूप से प्रकट होकर हमारे अज्ञान को भगा दें और इस भौतिक जगत में हमारी आसुरी कर्म-वासनाओं को मिटा दें। जिससे इस भौतिक जगत में हम निर्भीकता से जीवन के लिए संघर्ष कर सकें।

ॐ ह्यां ह्यीं ह्यूं ॐ नमो भगवते हृषीकेशाय
सर्वगुणविशेषैर्विलक्षितात्मने आकूतीनां चित्तीनां चेतसां
विशेषाणां चाधिपतये षोडशकलाय

च्छन्दोमयायान्नमयायामृतमयाय सर्वमयाय सहसे ओजसे
बलाय कान्ताय कामाय नमस्ते उभयत्र भूयात् ॥

मेरी सभी इन्द्रियों के नियन्ता और समस्त वस्तुओं की उत्पत्ति के स्तोत्र भगवान्हृषिकेश को मेरा नमस्कार है। वे सभी शारीरिक, मानसिक तथा बौद्धिक गतिविधियों के अधीपति और उनके फलों के एकमात्र भोक्ता हैं। पाँचों इन्द्रियों के विषय तथा मन समेत ग्यारह इन्द्रियाँ उनकी आंशिक अभिव्यक्तियाँ हैं। वे सभी आवश्यकताओं की पूर्ति करने वाले हैं, जो उनकी शक्तिस्वरूपा होने के कारण उनसे अभिन्न हैं, वे प्रत्येक व्यक्ति की शारीरिक और मानसिक शक्ति के कारण स्वरूप हैं, जो उनसे अभिन्न हैं। दरअसल, वे सभी जीवात्माओं की पूर्ति करने वाले तथा उनके स्वामी हैं। समस्त वेदों का ध्येय उनकी उपासना है। इसलिए हम सभी उन्हें सविनय नमस्कार करते हैं। वे इस जन्म में तथा अगले जन्म में सदा हमारे अनुकूल रहें।

नमो भगवते मुख्यतमाय नमः
सत्त्वाय प्राणायौजसे सहसे बलाय महामत्स्याय नम इति ॥

मैं उन भगवान् को नमस्कार करता हूँ, जो सत्त्व स्वरूप हैं। वे प्राण, शारीरिक, बौद्धिक तथा ज्ञानेन्द्रिय शक्ति के मूल स्रोत हैं।

समस्त अवतारों में प्रकट होने वाले वे महामत्स्यावतार हैं। मैं उन्हें बारम्बार सादर नमस्कार करता हूँ।

ॐ नमो भगवते अकूपाराय सर्वसत्तगुण-
विशेषणायानुपलक्षितस्थानाय नमो वर्ष्मणे नमो भूम्ने नमो
नमोऽवस्थानाय नमस्ते ॥

मैं उन भगवान् को नमस्कार करता हूँ, जो कच्छप स्वरूप धारण किया हुआ हैं। आप भौतिकता से पूर्ण रूप से रहित तथा परम सत्त्व स्थित हैं। आप जल में विचरण करते रहते हैं, लेकिन कोई आपका पता नहीं लगा पाता, इसलिए मैं आपको सादर नमस्कार करता हूँ। अपनी दिव्य स्थिति के कारण आप भूत, वर्तमान तथा भविष्य से बँधे नहीं रहते। आप सर्वत्र सर्वाधार रूप में उपस्थित रहते हैं, इसलिए मैं आपको बारम्बार नमस्कार करता हूँ।

यद्रूपमेतन्निजमाययार्पित—
मर्थस्वरूपं बहुरूपरूपितम्।
सङ्ख्या न यस्यास्त्ययथोपलम्भनात्—
तस्मै नमस्तेऽव्यपदेशरूपिणे ॥

हे भगवान्, यह समस्त दृश्य सार्वभौम अभिव्यक्ति आपकी सृजनात्मक

शक्ति का प्रदर्शन है। इसके अन्तर्गत अनन्त रूप आपकी बहिरंगा शक्ति का प्रदर्शन मात्र है। इसलिए दृश्य सार्वभौम रूप आपका वास्तविक रूप नहीं है। केवल दिव्य भावना भावित भक्तजन को छोड़कर, आपके वास्तविक रूप का दर्शन अन्य कोई कर नहीं सकता। इसलिए मैं आपको सादर नमस्कार करता हूँ।

यस्मिन्नसङ्ख्येयविशेषनाम—
रूपाकृतौ कविभिः कल्पितेयम्।
सङ्ख्या यया तत्त्वदृशापनीयते
तस्मै नमः साङ्ख्यनिदर्शनाय ते इति॥

हे भगवान्, आपका नाम, रूप तथा शारीरिक विशेषताएँ अनगिनत रूपों में विस्तारित हैं। कोई भी यह निर्धारित नहीं कर सकता कि आप कितने रूपों में विद्यमान हैं, फिर भी आप अपने स्वयं के अवतार कपिलदेव जैसे विद्वान मुनियों के रूप में, इस ब्रह्मांड में चौबीस तत्त्व निश्चित किये हैं। इसलिए यदि कोई सांख्य दर्शन में रूचि रखता है, तो वह विभिन्न सत्यों को आपसे सुनना चाहिए। दुर्भाग्यवश जो आपके भक्त नहीं हैं, वे केवल तत्त्वों की गिनती कर पाते हैं, किन्तु आपके वास्तविक रूप से अनजान रहते हैं। मैं आपको सादर नमस्कार करता हूँ।

ॐ नमो भगवते मन्त्रतत्त्वलिङ्गाय यज्ञक्रतवे महाध्वरावयवाय
महापुरुषाय नमः कर्मशुक्लाय त्रियुगाय नमस्ते।

हे भगवान्, हम विशाल व्यक्ति के रूप में आपको सादर नमस्कार करते हैं। केवल मन्त्रों के उचारण द्वारा ही हम आपको पूरी तरह समझने में सक्षम हो सकते हैं। आप यज्ञरूप हैं, आप क्रतु हैं। इसलिए यज्ञ के समस्त अनुष्ठान आपके दिव्य शरीर के अंशरूप हैं तथा आप ही समस्त यज्ञों के एकमात्र भोक्ता हैं। आपका स्वरूप दिव्य गुणों से युक्त है। आप त्रियुग कहलाते हैं, क्योंकि कलियुग में आपने प्रच्छन्न अवतार लिया है और आप छहों ऋद्धियों के स्वामी हैं।

यस्य स्वरूपं कवयों विपश्चितो
गुणेषु दारूष्विव जातवेदसम्।
मथ्नन्ति मथ्ना मनसा दिदृक्षवो
गूढं क्रियार्थैर्नम ईरितात्मने॥

ऋषि और मुनि काठ में छिपी हुई अग्नि को अरणी द्वारा उत्पन्न करने में समर्थ हैं। हे प्रभो, परम सत्य को समझने में कुशल ऐसे महान व्यक्ति आपको प्रत्येक वस्तु में, यहाँ तक कि अपने शरीर में भी देखने का कोशश करते हैं, फिर भी आप अप्रकट रहते हैं। आपको मानसिक या भौतिक क्रियाओं जैसी अप्रत्यक्ष प्रक्रियाओं से समझा

नहीं जा सकता। क्योंकि आप स्वयं प्रकट होते हैं, इसलिए जब आप देख लेते हैं कि कोई व्यक्ति पूरी तरह से आपकी खोज में संलग्न है तभी आप स्वयं को प्रकट करते हैं। इसलिए मैं आपको सादर नमस्कार करता हूँ।

द्रव्यक्रियाहेत्वयनेशकर्तृभि—
र्मायागुणैर्वस्तुनिरीक्षितात्मने।
अन्वीक्षयाङ्गातिशयात्मबुद्धिभि—
र्निरस्तमायाकृतये नमो नमः॥

भौतिक आनन्द के साधन (ध्वनि, रूप, स्पर्श, गन्ध और स्वाद), ऐन्द्रिय कर्म, इन्द्रियों के अधिष्ठाता देवता, शरीर, अनन्त काल तथा अंहकार, यह समस्त आपके माया से उत्पन्न हैं। जिन्होंने योग के माध्यम से अपनी बुद्धि को स्थिर कर लिया है वे यह देखने में समर्थ है कि ये सभी तत्त्व आपकी माया के ही परिणाम हैं। वे आपके दिव्य स्वरूप को भी प्रत्येक वस्तु की पृष्ठ भुमि में परम आत्मा के रूप में देख सकते हैं। इसलिए मैं आपको बारम्बार नमस्कार करता हूँ।

ॐ नमो भगवते उत्तमश्लोकाय नम आर्यलक्षणशीलव्रताय
नम उपशिक्षितात्मन उपासितलोकाय नमः साधुवादनिकषणाय
नमो ब्रह्मण्यदेवाय महापुरुषाय महाराजाय नम इति॥

हे भगवान्, मैं ॐ कार बीजमन्त्र के जप के द्वारा आपको प्रसन्न करना चाहता हूँ। मैं उन भगवान् को नमस्कार करता हूँ, जो उत्तम पुरुषों में सर्वश्रेष्ठ हैं। आप आर्यजनों के सभी उत्तम गुणों के भंडार हैं। आपके चरित्र तथा व्यवहार सर्वदा एक समान रहने वाला है और आप सर्वदा अपनी इन्द्रियों तथा मन को अपने नियन्त्रण मे रखने वाले है। एक सामान्य व्यक्ति की तरह आप आदर्श चरित्र प्रस्तुत करके अन्यों को आचरण करना सिखाते हैं। कसौटी केवल स्वर्ण के गुण की परीक्षा करने में समर्थ है, किन्तु आप ऐसे स्पर्श-मणि हैं, जिसके द्वारा सभी उत्तम गुणों की परीक्षा हो जाती है। आप ब्राह्मणों के द्वारा सदैव पूजित हैं, जो समस्त भक्तों में सबसे प्रमुख हैं। हे परम पुरुष, आप महाराजा हैं, इसलिए मैं आपको सादर नमस्कार करता हूँ।

रामादि मूर्तिषु कलानियमेन तिष्ठन्
नानावतारमकरोद्भुवनेषु किन्तु।
कृष्णः स्वयं समभवत् परमः पुमान् यो
गोविन्दमादिपुरुषं तमहं भजामि॥

मैं पूर्ण पुरुषोत्तम भगवान् गोविन्द की आरधना करता हूँ जो राम, नृसिंह जैसे अवतारों तथा उप-अवतारों के रूप में सर्वदा विराजमान हैं, किन्तु जो मूल रूप में

भगवान् श्रीकृष्ण हैं और स्वयं भी अवतरित होते हैं।

ॐ नमो भगवते उपशमशीलायोपरतानात्म्याय
नमोऽकिञ्चनवित्ताय ऋषिऋषभाय नरनारायणाय
परमहंसपरमगुरवे आत्मारामाधिपतये नमो नम इति॥

मैं उन श्रीभगवान् नर-नारायण को सादर नमस्कार करता हूँ, जो समस्त सन्त पुरुषों में सर्वश्रेष्ठ हैं। वे अत्यन्त आत्मसंयमित तथा आत्माराम हैं, वे झुठी प्रतिष्ठा से मुक्त हैं और वह उन निर्धनों की सम्पदा हैं जिनके पास कोई भौतिक सम्पदा नहीं हैं। वे मनुष्यों में परम सम्माननीय समस्त परमहंसों के आध्यात्मिक गुरु हैं और आत्मसिद्धों के स्वामी हैं। मैं उनके चरणकमलों को बारम्बार नमस्कार करता हूँ।

गायति चेदम्

कर्तास्य सर्गादिषु यो न बध्यते
न हन्यते देहगतोऽपि दैहिकैः।
द्रष्टुर्न दृग्यस्य गुणैर्विदूष्यते
तस्मै नमोऽसक्ताविविक्तसाक्षिणे॥

सबसे शक्तिशाली ऋषि नारद, निम्नलिखित मन्त्र का जप करके नर-नारायण की आरधना करते हैं—

"पूर्ण पुरुषोत्तम भगवान् इस दृश्य जगत के सृष्टिकर्ता, पालनकर्ता और संहारकर्ता हैं, तो भी वे झूठी प्रतिष्ठा से पुरी तरह मुक्त हैं। यद्यपि मूर्खों के लिए उन्होंने हमारे जैसे भौतिक शरीर धारण करना स्वीकार किया है, किन्तु वह भूख, प्यास तथा थकान जैसै शारीरिक कष्ट से अप्रभावित है। यद्यपि वे सर्वद्रष्टा हैं, किन्तु जिन वस्तुओं को वे देखते हैं उनसे उनकी इन्द्रियाँ दूषित नहीं होती। मैं अनासक्त, जगत के साक्षी, परमात्मास्वरूप श्रीभगवान् को बारम्बार नमस्कार करता हूँ।"

स्वगोभिः पितृदेवेभ्यो विभजन्कृष्णशुक्लयोः।
प्रजानां सर्वासां राजान्धः सोमो न आस्त्विति॥

पितरों तथा देवतायों को अन्न देने के उद्देश्य से चन्द्र-देवता ने अपने ही करणों से मास को दो पक्षों शुक्ल और कृष्ण नामक में विभाजित किया है। चन्द्र-देवता काल का विभाजन करने वाला और ब्रह्मांड के वासियों का अधिपति है। इसलिए हम यह प्रार्थना करते हैं कि वह हमारा अधिपति तथा मार्गप्रदर्शक बना रहे। हम उसे सादर नमस्कार करते हैं।

अन्तःप्रविश्य भूतानि यो बिभर्त्यात्मकेतुभिः।

अन्तर्यामीश्वरः साक्षात्पातु नो यद्वशे स्फुटम् ॥

(शाकद्वीप के निवासी, निम्नलिखित शब्दों से वायु रूप में श्रीभगवान् की आरधना करते हैं)—हे परम पुरुष शरीर के भीतर परमात्मा रूप में स्थित आप विभिन्न वायुओं, जैसे प्राण की विभिन्न क्रियाओं का संचालन करने वाले और सभी जीवात्माओं का पालन करने वाले हैं। हे ईश्वर, हे परमात्मा, हे ब्रह्मांड के नियामक, आप सभी प्रकार के संकटों से हमारी रक्षा करें।

अयि नन्दतनुज किंकरं पतितं मां विषमे भवाम्बुधौ।
कृपया तव पादपंकजस्थितधूलीसदृशं विचिन्तय॥

हे भगवान्, नन्द महाराज के पुत्र में आपका चिरन्तन दास हूँ। न जाने में कैसै अज्ञान के इस भवसागर में गिर गया हूँ। मैं अपने को बचाने के लिए अत्यधिक संघर्ष कर रहा हूँ, किन्तु कोई उपाय नहीं है। यदि कृपया आप इस भौतिक जीवन की विषम स्थिति से मेरा उद्धार करें और अपने चरणकमलों में धूल के एक कण की तरह मुझे टिका लें तो उससे मेरी रक्षा हो जाएगी।

श्रीप्रजापतिरूवाच

नमः परायावितथानुभूतये
गुणत्रयाभासनिमित्तबन्धवे।
अदृष्टधाम्ने गुणतत्त्वबुद्धिभि—
र्निवृत्तमानाय दधे स्वयम्भुवे॥

भगवान् माया तथा उससे उत्पन्न शारीरिक कोटियों से परे हैं। उनमें अचूक ज्ञान और सर्वोच्च इच्छा-शक्ति रहती है और वे जीवों तथा माया का नियन्त्रक हैं। जीन बद्धात्माओं ने इस भौतिक को सर्वस्व समझ रखा है वे उन्हें नहीं देख सकते, क्योंकि वे व्यावहारिक ज्ञान के प्रमाण से परे हैं। वे स्वतः प्रकट तथा आत्म-तुष्ट हैं। वे किसी कारण द्वारा उत्पन्न नहीं किये जाते। मैं उन्हें सादर नमस्कार करता हूँ।

यथा राज्ञः प्रियत्वं तु भृत्या वेदेन चात्मनः।
तथा जीवो न यत्सख्यं वेत्ति तमै नमोऽस्तु ते॥

जिस तरह किसी बृहद् संस्थान के विभिन्न विभागों के अनेकों सेवक उस सर्वोच्च प्रबन्ध-निर्देशक को नहीं देख पाते जिसके अधीन वे कार्य करते हैं, उसी प्रकार बद्धात्माएँ अपने शरीर के भीतर बैठे हुए परम मित्र को नहीं देख पातीं। इसलिए हम उस परम को सादर नमस्कार करते हैं, जो हमारी भौतिक आँखों से अदृश्य है।

देहोऽसवोऽक्षा मनवो भूतमात्रा—

मात्मानमन्यं च विदुः परं यत्।
सर्वं पुमान्वेद गुणांश्च तज्ज्ञो
न वेद सर्वज्ञमनन्तमीडे॥

केवल पदार्थ होने के कारण शरीर, प्राणवायु, बाहरी और आन्तरिक इन्द्रियाँ, पाँच स्थूल तत्त्व तथा इन्द्रिय-विषय (ध्वनि, रूप, स्पर्श, गन्ध और स्वाद) अपने स्वभाव को, अन्य इन्द्रियों के स्वभाव को या उनके नियन्ताओं के स्वभाव को नहीं जान पाते हैं। किन्तु जीव अपने आध्यात्मिक स्वभाव के कारण अपने शरीर, प्राणवायु, इन्द्रियों, तत्त्वों तथा इन्द्रिय-विषयों को जान सकता है और वह तीन गुणों को भी जान सकता है, जो उनके मूल में होते हैं। फिर भी, हालांकि जीव उनसे पूरी तरह से अवगत है, लेकिन वह परम पुरुष को देख पाने में असमर्थ है, जो सर्वज्ञ और असीम है। इसलिए मैं उन्हें सादर नमस्कार करता हूँ।

यदोपरामो मनसो नामरूप—
रूपस्य दृष्टस्मृतिसम्प्रमोषात्।
य ईयते केवलया स्वसंस्थया
हंसाय तस्मै शुचिसद्मने नमः॥

जब मनुष्य की चेतना पूरी तरह स्थूल तथा सूक्ष्म भौतिक जगत के कल्मष से शुद्ध हो जाती है और कार्य करते तथा स्वप्न देखने की अवस्थाओं से विचलित नहीं होती तथा जब मन सुषुप्ति अर्थात् गहरी नींद में लीन नहीं होता तो वह समाधि के पद को प्राप्त होता है। तब उसकी भौतिक दृष्टि तथा मन की स्मृतियाँ, जो नामों तथा रूपों को प्रकट करती हैं, विनष्ट हो जाती हैं। केवल ऐसी ही समाधि में भगवान् प्रकट होते हैं। इसलिए हम उन को सादर नमस्कार करते हैं, जो उस अकलुषित दिव्य अवस्था में देखे जाते हैं।

यच्छक्तयो वदतां वादिनां वै
विवादसंवादभुवो भवन्ति।
कुर्वन्ति चैषां मुहुरात्ममोहं
तस्मै नमोऽनन्तगुणाय भूम्ने॥

मैं उन सर्वव्यापक भगवान् को सादर नमस्कार करता हूँ, जो अनन्त दिव्य गुणों से युक्त हैं। वे सभी दार्शनिकों के हृदय के भीतर से कार्य करते हुए, जो विभिन्न विचारों का प्रसार करने वाले है, उनसे उनकी ही आत्मा को भुलवाते हैं जबकी कभी-कभी उनमें एकमत कराते हैं और कभी-कभी भिन्नता कराते हैं। इस प्रकार वे इस भौतिक जगत में ऐसी स्थिती उत्पन्न करते हैं जिसमें वे किसी भी

दार्शनिक निष्कर्ष पर नहीं पहुँच पाते। मैं उन्हें सादर नमस्कार करता हूँ।

अस्तीति नास्तीति च वस्तुनिष्ठयो—
रकस्थयोर्भिन्नविरूद्धधर्मणोः।
अवेक्षितं किञ्चन योगसाङ्ख्ययोः
समं परं ह्यनुकूलं बृहत्तत्॥

संसार मे दो वर्ग हैं— अर्थात् आस्तिक तथा नास्तिक। परमात्मा में विश्वास रखने वाला आस्तिक सम्पूर्ण योग में आध्यात्मिक कारण को पाता है। सांख्यधर्मी, हालांकि, जो भौतिक तत्त्वों का मात्र विश्लेषण करते हैं, निर्विशेषवाद के निष्कर्ष को प्राप्त होता है और परम कारण को स्वीकार नहीं करता, चाहे वह भगवान् हो, परमात्मा हो या यहाँ तक कि ब्रह्म भी क्यों न हो। इसके बजाए, वह भौतिक प्रकृति के व्यर्थ बाहरी कार्यों में व्यस्त रहता है। किन्तु अन्ततोगत्वा दोनों वर्ग एक परम सत्य की स्थापना करते हैं, क्योंकि विरोधी कथन करते हुए भी उनका लक्ष्य एक ही परम कारण होता है। वे दोनों ही जिस एक परब्रह्म के पास पहुँचते हैं उन्हें मैं सादर नमस्कार करता हूँ।

योऽनुग्रहार्थं भजतां पादमूल—
मनामरूपो भगवाननन्तः।
नामानि रूपाणि च जन्मकर्मभि—
र्भेजे स मह्यं परमः प्रसीदतु॥

पूर्ण पुरुषोत्तम भगवान् जो कि अचिन्त्य रूप से ऐश्वर्यवान् हैं, जो सारा भौतिक नामों, रूपों तथा लीलाओं से रहित हैं और जो सर्वव्यापक हैं, विशेष रूप से उन भक्तों के लिए दयालु है, जो उनके चरणकमलों की पूजा करते हैं। इस प्रकार वे विभिन्न लीलाओं सहित दिव्य रूपों तथा नामों को प्रकट करते हैं। ऐसे भगवान्, जो सच्चिदानन्द विग्रह हैं, मुझ पर कृपालु हों।

श्रीशुक उवाच

अब्भक्षाः कतिचिन्मासान्कतिचिद्वायुभोजनाः।
आराधयन्मन्त्रमिममभ्यस्यन्त इडस्पतिम्॥
ॐ नमो नारायणाय पुरुषाय महात्मने।
विशुद्धसत्त्वधिष्ण्याय महाहंसाय धीमहि॥

कुछ महीनों तक प्रजापति दक्ष के पुत्रों ने केवल जल पिया और वायु खायी। इस प्रकार महान् तपस्या करते हुए उन्होंने इस मन्त्र का जाप किया, हम उन भगवान् नारायण को नमस्कार करते हैं, जो सर्वदा अपने दिव्य धाम में स्थित रहते हैं। चूँकि

वे परम पुरुष (परमहंस) हैं, अतएव हम उन्हें सादर नमस्कार करते हैं।

श्रीविश्वरूप उवाच

ॐ हरिर्विदध्यान्मम सर्वरक्षां
न्यस्ताङ्घ्रिपद्मः पतगेन्द्रपृष्ठे।
दरारिचर्मासिगदेषुचाप—
पाशान्दधानोऽष्टगुणोऽष्टबाहुः॥

परमेश्वर, समस्त पक्षियों के राजा गरुड़ की पीठ पर आसीन हैं और अपने चरण-कमल से उसका स्पर्श कर रहे हैं। वे अपने अष्ट भुजाओं में शंख, चक्र, ढाल, तलवार, गदा, तीर, धनुष तथा पाश धारण किये हुए हैं। ऐसे अष्ट भुजाओं वाले पूर्ण पुरुषोत्तम भगवान् सभी समय मेरी रक्षा करें। वे सर्वशक्तिमान हैं, क्योंकि वे आठ योग-शक्तियों (अणिमा, लघिमा इत्यादि) से समन्वित हैं।

रक्षत्वसौ माध्वनि यज्ञकल्पः
स्वदंष्ट्रयोन्नीतधरो वराहः।
रामोऽद्रिकूटेष्वथ विप्रवासे
सलक्ष्मणोऽव्याद्भरताग्रजोऽस्मान्॥

परम अविनाशी भगवान् को यज्ञों के माध्यम से जाना जाता है, इसीलिए वे यज्ञेश्वर कहलाते हैं। भगवान् वराह के रूप में अवतार लेकर पृथ्वी लोक को ब्रह्मांड के गर्त से जल में से निकालकर अपनी नुकी दाढ़ों में धारण किया। ऐसे भगवान् मार्ग में दुष्टों से मेरी रक्षा करें। परशुराम पर्वत शिखरों पर मेरी रक्षा करें और भरत के ज्येष्ठ भ्राता रामचन्द्र अपने भाई लक्ष्मण सहित विदेशों में मेरी रक्षा करें।

मामुग्रधर्मादखिलात्प्रमादा
न्नारायणः पातु नरश्च हासात्।
दत्तस्त्वयोगादथ योगनाथः
पायाद्गुणेशः कपिलः कर्मबन्धात्॥

भगवान् नारायण, अनावश्यक रूप से मिथ्या धर्मों का पालन करने और पागलपन के कारण कर्तव्यच्चुत होने से मेरी रक्षा करें। नर-रूप में प्रकट भगवान् मुझे वृथा गर्व से बचाएँ। समस्त योगशक्तियों के स्वामी, योगेश्वर दत्तात्रेय, भक्तियोग के पालन से च्युत होने से मेरी रक्षा करें और भगवान् कपिल, समस्त श्रेष्ठ गुणों के स्वामी, सकाम कर्म के भौतिक बन्धन से मेरी रक्षा करें।

सनत्कुमारोऽवतु कामदेवा—

द्धयशीर्षा मां पथि देवहेलनात्।
देवर्षिवर्य: पुरुषार्चनान्तरात्
कूर्मो हरिर्मां निरयादशेषात्॥

परम ब्रह्मचारी सनतकुमार कामवासनाओं से मेरी रक्षा करें। जैसे ही मैं कोई शुभकार्य शुरू करूँ, भगवान् हयग्रीव मेरी रक्षा करें जिससे मैं परमेश्वर को नमस्कार न करने का अपराधी न बनूँ। श्रीविग्रह की अर्चना में कोई अपराध न हो इसके लिए देवर्षि नारद मेरी रक्षा करें। भगवान् कूर्म असीम नरकलोक में गिरने से मुझे बचाएँ।

धन्वन्तरिर्भगवान्पात्वपथ्याद्
द्वन्द्वाद्भयादृषभो निर्जितात्मा।
यज्ञश्च लोकादवताज्जनान्ताद्
बलो गणात्क्रोधवशादहीन्द्र:॥

वैद्यराज धन्वन्तरि अवतार के रूप में श्रीभगवान् मुझे अवांछित खाद्य पदार्थों से दूर रखें और शारीरिक रुग्णता से मेरी रक्षा करें। अपनी आन्तरिक तथा बाह्य इन्द्रियों को वश में रखने वाले श्रीऋषभदेव सर्दी तथा गर्मी के द्विधा से उत्पन्न भय से मेरी रक्षा करें। भगवान् यज्ञ जनता से मिलने वाले उपयश तथा हानि से मेरी रक्षा करें और शेष नाग के रूप में भगवान् बलराम मुझे ईर्ष्यालु सर्पों से बचायें।

द्वैपायनो भगवानप्रबोधाद्
बुद्धस्तु पाषण्डगणप्रमादात्।
कल्कि: कले: कालमलात्प्रपातु
धर्मावनायोरुकृतावतार:॥

वैदिक-ज्ञान से विहीन होने के कारण समस्त प्रकार की अविद्या से पूर्ण पुरुषोत्तम भगवान् का सर्वशक्तिमान अवतार श्री व्यासदेव मेरी रक्षा करें। भगवान् बुद्धदेव मुझे वेद विरुद्ध कर्मों से तथा आलस्य से बचाएँ, जिसके कारण प्रमादवश वेद ज्ञान तथा अनुष्ठान भूल जाते हैं। भगवान् कल्कि देव, जो धार्मिक नियमों की रक्षा के लिए अवतार के रूप में प्रकट हुए, मुझे कलियुग की मलिनता से बचायें।

माँ केशवो गदया प्रातरव्याद्
गोविन्द आसङ्गवमात्तवेणु:।
नारायण: प्राह्ण उदात्तशक्ति
मध्यन्दिने विष्णुररीन्द्रपाणि:॥

भगवान् केशव दिन के पहले चरण में अपनी गदा से तथा दिन के दूसरे चरण में भगवान् गोविन्द अपनी बाँसुरी से मेरी रक्षा करें। भगवान् नारायण, जो सर्व

शक्तियों से सम्पन्न है, दिन के तीसरे चरण में मेरी रक्षा करें और भगवान् विष्णु, जो शत्रुओं को मारने के लिए हाथ में चक्र धारण किये हुए हैं, वे दिन के चौथे चरण में मेरी रक्षा करें।

देवोऽपराह्णे मधुहोग्रधन्वा
सायं त्रिधामावतु माधवो माम्।
दोषे हृषीकेश उतार्धरात्रे
निशीथ एकोऽवतु पद्मनाभः॥

असुरों के लिए शार्ङ्ग नामक प्रचण्ड धनुष को धारण करने वाले भगवान् मधुसूदन दिन के पंचम चरण में मेरी रक्षा करें। संध्या समय भगवान् माधव, ब्रह्मा, विष्णु तथा महेश्वर त्रिमूर्ति के रूप में प्रकट होकर मेरी रक्षा करें और रात्रि प्रारम्भ होने पर भगवान् हृषिकेश मेरी रक्षा करें। अर्ध रात्रि में (रात्रि के दूसरे तथा तीसरे चरण में) केवल भगवान् पद्मनाभ मेरी रक्षा करें।

श्रीवत्सधामापररात्र ईशः
प्रत्यूष ईशोऽसिधरो जनार्दनः।
दामोदरोऽव्यादनुसन्ध्यं प्रभाते
विश्वेश्वरो भगवान्कालमूर्तिः॥

हे पूर्ण पुरुषोत्तम भगवान्, जो वक्ष पर श्रीवत्स धारण किये हुए हैं, अर्धरात्रि के पश्चात् से आकाश के गुलाबी होने तक मेरी रक्षा करें। हाथ में तलवार धारण करने वाले भगवान् जनार्दन रात्रि के समाप्त होने पर (रात्रि के चतुर्थ भाग में) मेरी रक्षा करें। भगवान् दामोदर बड़े भोर में तथा रात की संधियों के समय मेरी रक्षा करें।

गरुड़ो भगवान्स्तोत्रस्तोभश्छन्दोमयः प्रभुः।
रक्षत्वशेषकृच्छ्रेभ्यो विष्वक्सेनः स्वनामभिः॥

भगवान् विष्णु के वाहन श्रीगरुड़ श्रीभगवान् के समान शक्तिशाली होने के कारण सर्वपूज्य हैं। वे साक्षात् वेद हैं और चुने हुए श्लोकों से उनकी पूजा की जाती है। वे सभी भयानक स्थितियों में हमारी रक्षा करें। भगवान् विश्वसेन अपने पवित्र नामों के माध्यम से हमें सभी संकटों से बचायें।

सर्वापद्भ्यो हरेर्नामरूपयानायुधानि नः।
बुद्धीन्द्रियमनः प्राणान्पान्तु पार्षदभूषणाः॥

श्रीभगवान् के पवित्र नाम, दिव्य रूप, वाहन तथा सभी शस्त्रास्त्र, जो उनके पार्षदों के समान उनकी शोभा बढ़ाने वाले हैं, हमारी बुद्धि, इन्द्रियों, मन तथा प्राण

की सभी प्रकार के संकटों से रक्षा करें।

यथैकात्म्यानुभावनां विकल्परहितः स्वयम्।
भूषणायुधलिङ्गाख्या धत्ते शक्तीः स्वमायया॥
तेनैव सत्यमानेन सर्वज्ञो भगवान्हरिः।
पातु सर्वैः स्वरूपैर्नः सदा सर्वत्र सर्वगः॥

श्रीभगवान्, जीवात्माएँ, भौतिक शक्ति, आध्यात्मिक शक्ति तथा सम्पूर्ण सृष्टि—वे सभी व्यष्टियाँ हैं। अन्त में यह सब मिलकर परब्रह्म का निर्माण करती हैं। इसीलिए जो आत्मज्ञानी हैं, वे भिन्नता में एकता देखते हैं। ऐसे उन्नत व्यक्तियों के लिए भगवान् के शारीरिक अलंकरण, उनके नाम, उनका प्रसिद्धि, उनके लक्षण एवं रूप तथा शस्त्रास्त्र उनकी शक्ति ही अभिव्यक्तियाँ हैं। उनके समुन्नत आध्यात्मिक ज्ञान के अनुसार विभिन्न रूपों में प्रकट होने वाले सर्वज्ञ भगवान् सर्वत्र विद्यमान हैं। वे सर्वदा सभी विपदाओं से सर्वत्र हमारी रक्षा करें।

विदिक्षु दिक्षुर्ध्वमधः समन्ता—
दन्तर्बहिर्भगवान्नारसिंहः।
प्रहापयँल्लोकभयं स्वनेन
स्वतेजसा ग्रस्तसमस्ततेजाः॥

प्रह्लाद महाराज ने भगवान् नृसिंहदेव के पवित्र नाम को उच्चस्वर से उच्चारण किया। अपने भक्त प्रह्लाद महाराज के लिए गर्जना करने वाले श्रीनृसिंहदेव! आप उन संकटों के भय से हमारी रक्षा करें जो विष, आयुध, जल, अग्नि, वायु इत्यादि के द्वारा सभी दिशाओं में महा-भटों के द्वारा फैलाया जा चुका है। हे भगवान्! आप अपने दिव्य प्रभाव से इनके प्रभाव को आच्छादित कर लें। नृसिंहदेव सभी दिशि-दिशाओं में, ऊपर-नीचे, बाहर-भीतर हमारी रक्षा करें।

यस्योरुशृङ्गे जगतीं स्वनावं
मनुर्यथाबध्य ततार दुर्गम्।
स एव नस्त्वाष्ट्रभयाद्दुरन्तात्
त्राताश्रितान्वारिचरोऽपि नूनम्॥

राजा सत्यव्रत नामक मनु ने पूर्व ब्रह्मांड रूपी छोटी नौका को मत्स्य अवतार के सींग में बाँधकर आत्मरक्षा की थी। मत्स्यावतार के कृपा से मनु ने बाढ़ के महान् संकट से अपने को बचाया था। वे ही मत्स्यावतार त्वष्टा के पुत्र से उत्पन्न इस गम्भीर संकट से हमारी रक्षा करें।

पुरा स्वयम्भूरपि संयमाम्भ—

स्युदीर्णवातोर्मिरवैः कराले।
एकोऽरविन्दात्पतितस्ततार
तस्माद्भयाद्येन स नोऽस्तु पारः॥

सृष्टि के प्रारम्भ में प्रचण्ड वायु से बाढ़ के जल में भयंकर लहरें उठने लगीं। इन लहरों से ऐसा भयानक शोर हुआ कि ब्रह्माजी अपने कमल-आसन से प्रलय जल में प्राय गिर ही पड़े, किन्तु वे भगवान् की सहायता से बच गये। उसी तरह हम भी भगवान् से इस भयावह स्थिति से अपनी रक्षा की आशा करते हैं।

श्रीदेवा ऊचुः

नमस्ते यज्ञवीर्याय वयसे उत ते नमः।
नमस्ते ह्यस्तचक्राय नमः सुपुरुहूतये॥

हे भगवान्! आप यज्ञ फल को देने में सक्षम हैं। आप ही वह काल हैं, जो इन समस्त यज्ञों के फलों को अंतराल में नष्ट कर देता है। आप असुरों का वध करने के लिए चक्र को चलाते हैं। हे अनेक दिव्य नामधारण करनेवाले भगवान्! हम लोग आपको सादर नमस्कार करते हैं।

यत्ते गतीनां तिसृणामीशितुः परमं पदम्।
नार्वाचीनो विसर्गस्य धातर्वेदितुमर्हति॥

हे परम नियामक! आप तीनों गन्तव्यों (स्वर्ग लोक में पहुँचना, मानव रूप में जन्म तथा नरक में यातना) को नियन्त्रण में रखने वाले हैं, फिर भी आपका परम धाम बैकुंठलोक है। चूँकि आपके द्वारा इस दृश्य जगत की उत्पत्ति के बाद हम प्रकट हुए हैं, इसीलिए हम आपके कार्यकलापों को समझने में असमर्थ हैं। इसीलिए हमारे पास आपको अर्पित करने के लिए नमस्कार करने के अतिरिक्त और कुछ भी नहीं है।

ॐ नमस्तेऽस्तु भगवान्नारायण वासुदेवादिपुरुष महापुरुष
महानुभाव परममङ्गल परमकल्याण परमकारुणिक केवल
जगदाधार लोकैकनाथ सर्वेश्वर लक्ष्मीनाथ परमहंसपरिव्राजकैः
परमेणात्मयोगसमाधिना परिभावितपरिस्फुटपारमहंस्य—
धर्मेणोद्घाटिततमःकपाटद्वारे चित्तेऽपावृत आत्मलोके
स्वयमुपलब्धनिजसुखानुभवो भवान्॥

हे भगवान्, हे नारायण, हे वासुदेव, हे आदि पुरुष, महा पुरुष, परम अनुभव, परम शुभ! हे परम वरदान स्वरूप, परम करुणामय तथा अपरिवर्तनीय! हे दृश्य जगत के आधार, हे समस्त लोकों तथा प्रत्येक पदार्थ के एकमात्र स्वामी तथा भाग्य की

देवी के पति! आपका साक्षात्कार केवल श्रेष्ठ संन्यासी ही कर पाते हैं, जो भक्तियोग में पूरी तरह समाधि-मग्न होकर सारे विश्व में कृष्णचेतनामृत का उपदेश देते हैं। वे अपने ध्यान को आप में ही केन्द्रिभूत रखते हैं, इसीलिए अपने शुद्ध अन्तःकरण में आपके स्वरूप को प्राप्त करते हैं। जब उनके हृदयों का अन्धकार पूरी तरह हट जाता है और आपका साक्षात्कार होता है तब उन्हें आपके दिव्य स्वरूप का दिव्य आनन्द प्राप्त होता है। ऐसे व्यक्तियों के सिवाय और कोई आप का अनुभव नहीं कर पाता, इसीलिए हम लोग आपको सादर नमस्कार करते हैं।

हंसाय दह्निलयाय निरीक्षकाय
कृष्णाय मृष्टयशसे निरुपक्रमाय।
सत्सङ्ग्रहाय भवपान्थनिजाश्रमाप्ता—
वन्ते परीष्टगतये हरये नमस्ते॥

हे भगवान्! हे परम शुद्ध! आप सबों के अन्तः स्थल में रहते हैं और प्रत्येक जीवात्माओं की सभी आकांक्षाओं तथा गतिविधियों का निरीक्षण करते हैं। हे भगवान्, जो श्रीकृष्ण के रूप में विख्यात है, आपका यश अत्यन्त प्रकाशमान है। आपका आदी नहीं है क्योंकि आप प्रत्येक वस्तु के उद्गम हैं। शुद्ध भक्त इससे परिचित हैं क्योंकि आप शुद्ध तथा सत्यनिष्ठ के लिए सुगम हैं। जब करोड़ों वर्षों तक भौतिक जगत में भटकने के बाद बद्धात्माएँ आपके चरणकमलों पर मुक्त होकर शरण पाती हैं, तो उन्हें जीवन का परम लक्ष्य प्राप्त हो जाता है। इसीलिए हे भगवान्! हम आपके चरणाविन्द को सादर नमस्कार करते हैं।

त्यक्त्वा सुदुस्त्यजसुरेप्सितराज्यलक्ष्मीं
धर्मिष्ठ आर्यवचसा यदगादरण्यम्।
मायामृगं दयितयेप्सितमन्वधावद्
वन्दे महापुरुष ते चरणारविन्दम्॥

हम भगवान् के उन चरणकमलों को नमस्कार करते हैं जिनका मनुष्य को सर्वदा स्मरण करना चाहिए। उन्होंने अपना गृहस्थ जीवन, यहाँ तक कि अपनी नित्य संगिनी को भी त्याग दिया जिनकी पूजा स्वर्ग के वासी तक करते हैं। वे भौतिक माया के द्वारा मोहग्रस्त पतित आत्माओं के उद्धार के लिए वन में चले गये।

किरात हूणान्ध्रपुलिन्दपुल्कशा
आभीर शुम्भा यवनाः खसादयः।
येऽन्येच पापा यदपाश्रयाश्रयाः
शुध्यन्ति तस्मै प्रभविष्णवे नमः॥

किरात, हूण, आन्ध्र, पुलिन्द, पुल्कस, आभीर, शुम्भ, यवन तथा खस आदि नीच जातियाँ तथा पापी भगवान् के भक्तों की शरण ग्रहण करने से पवित्र हो जाते हैं क्योंकि वे परम शक्ति हैं। उन सर्वशक्तिमान भगवान् को सादर नमस्कार करते हैं।

श्रीबादरायणिरुवाच

ॐ नमस्तुभ्यं भगवते वासुदेवाय धीमहि।
प्रद्युम्नायानिरुद्धाय नमः सङ्कर्षणाय च॥
नमो विज्ञानमात्राय परमानन्दमूर्तये।
आत्मारामाय शान्ताय निवृत्तद्वैतदृष्टये॥

ॐकार (प्रणव) नाम से सम्बोधित किये जाने वाले हे ईश्वर, हे पूर्ण पुरुषोत्तम भगवान्! मैं आपको सादर नमस्कार करता हूँ। हे भगवान् वासुदेव! मैं आपका ध्यान करता हूँ। हे भगवान् प्रद्युम्न, भगवान् अनिरुद्ध तथा भगवान् संकर्षण! मैं आपको सादर नमस्कार करता हूँ। हे दिव्य शक्ति के आगार, हे परम आनन्द में आत्मनिर्भर (आत्माराम) तथा परम शान्त! मैं आपको सादर नमस्कार करता हूँ। हे परम सत्य, अद्वितीय! आप ब्रह्म, परमात्मा तथा भगवान् रूप में जाने जाते हैं, इसीलिए आप सभी ज्ञान के आगार हैं। मैं आपको सादर नमस्कार करता हूँ।

आत्मानन्दानुभूत्यैव न्यस्तशक्त्यूर्मये नमः।
हृषीकेशाय महते नमस्तेऽनन्तमूर्तये॥

अपने व्यक्तिगत आनन्द का अनुभव करते हुए आप सर्वदा भौतिक प्रकृति की लहरों के परे हैं। इसीलिए हे ईश्वर! मैं आपको सादर नमस्कार करता हूँ। आप इन्द्रियों के परम नियामक (प्रेरक) हैं और आपके रूप के विस्तार (प्रकाश) अनन्त हैं। आप परम महान् हैं, इसीलिए मैं आपको सादर नमस्कार करता हूँ।

यस्मिन्निदं यतश्चेदं तिष्ठत्यप्येति जायते।
मृण्मयेष्विव मृज्जातिस्तस्मै ते ब्रह्मणे नमः॥

जिस प्रकार मिट्टी से बने पात्र बनाये जाने के बाद पृथ्वी पर स्थित रहते हैं और तोड़ दिये जाने पर फिर से मिट्टी बन जाते हैं, उसी प्रकार से यह दृश्य जगत की उत्पत्ति परम ब्रह्म द्वारा किया जाता है, उन्हीं में स्थित रहता है और उन्हीं में विलीन हो जाता है। इसीलिए ब्रह्म के कारण स्वरूप पूर्ण पुरुषोत्तम को हमारा सादर नमस्कार है।

यन्न स्पृशन्ति न विदुर्मनोबुद्धीन्द्रियासवः।
अन्तर्बहिश्च विततं व्योमवत्तन्नतोऽस्म्यहम्॥

पूर्ण पुरुषोत्तम भगवान् से प्रादुर्भूत होकर परम ब्रह्म आकाश के समान प्रसारित हो जाता है। यद्यपि इसको कोई भौतिक पदार्थ स्पर्श नहीं कर सकता, किन्तु यह भीतर तथा बाहर विद्यमान है। तो भी मन, बुद्धि, इन्द्रियाँ तथा प्राणशक्ति न तो उसका स्पर्श कर सकती हैं, न उसे जान सकती हैं। मैं उनको सादर नमस्कार करता हूँ।

ॐ नमो भगवते महापुरुषाय महानुभावाय महाविभूतिपतये
सकलसात्वतपरिवृढनिकर करकमलकुड्मलोपलालितचरणार
विन्दयुगल परमपरमेष्ठिन्नमस्ते॥

हे परम धाम बैकुंठलोक में स्थित दिव्य ईश्वर आपके चरणकमल सर्वदा श्रेष्ठ-भक्तों के समूह के कमल रूपी हाथों के द्वारा चाँपे जाते हैं। आप छः ऐश्वर्यों से पूर्ण श्रीभगवान् हैं। आप पुरुषसूक्त की स्तुतियों में वर्णित परम पुरुष हैं। आप परम पूर्ण, समस्त योग-शक्तियों के स्वरूपसिद्ध स्वामी हैं। मैं उनको सादर नमस्कार करता हूँ।

नमस्तुभ्यं भगवते
सकलजगत्स्थितिलयोदयेशाय।
दुरवसितात्मगतये
कुयोगिनां भिदा परमहंसाय॥

हे भगवान्! आप ही इस दृश्य जगत की सृष्टिकर्ता, पालनकर्ता तथा संहारकर्ता हैं, किन्तु घोर संसारी तथा भेदवादी जनों के पास वे नेत्र ही नहीं होते जिनके द्वारा वे आपको देख सकें। वे आपकी वास्तविक स्थिति को न समझ पाने के कारण इस निष्कर्ष पर पहुँच जाते हैं कि यह दृश्य जगत आपके ऐश्वर्य से स्वतन्त्र है। हे भगवान्! आप परम विशुद्ध हैं और सभी छहों ऐश्वर्यों से ओतप्रोत हैं। इसीलिए मैं आपको सादर नमस्कार करता हूँ।

भूमण्डलं सर्षपायति यस्य मू।ध्न
तस्मै नमो भगवतेऽस्तु सहस्रमूर्ध्ने॥

हे भगवान्! आपकी चेष्टा से ही भगवान् ब्रह्मा, इन्द्र तथा दृश्य जगत के अन्य अधिक्षक अपने अपने कार्यों में निरत हो जाते हैं। हे ईश्वर! आपके द्वारा भौतिक शक्ति को देखे जाने पर ही समस्त ज्ञानेन्द्रियाँ देख पाती हैं। अनन्त भगवान् समस्त ब्रह्मांडों को अपने शीश पर सरसों के बीजों के सदृश धारण किये रहते हैं। हे सहस्त्र-फण वाले परम पुरुष! मैं आपको सादर नमस्कार करता हूँ।

अलं ते निरपेक्षाय पूर्णकाम नमोऽस्तु ते।
महाविभूतिपतये नमः सकलसिद्धये॥

हे भगवान्! आप समस्त ऐश्वर्यों से पूर्ण हैं किन्तु मैं ऐश्वर्य की कामना नहीं करती हूँ। आप उन सम्पत्ति की देवी लक्ष्मी देवी के पति और स्वामी हैं, जो समस्त ऐश्वर्यों से युक्त हैं। आप समस्त योग के स्वामी हैं। मैं आपको केवल नमस्कार करती हूँ।

विष्णुपत्नि महामाये महापुरुषलक्षणे।
प्रीयेथा मे महाभागे लोकमातर्नमोऽस्तु ते॥

(भगवान् विष्णु को नमस्कार करने के बाद भक्तों को चाहिए कि वे धन-धान्य की देवी लक्ष्मी माता को सादर नमस्कार करें) हे विष्णु-पत्नी, हे भगवान् विष्णु की अन्तरगां शक्ति! आप विष्णु के ही समान श्रेष्ठ हैं क्योंकि आपमें भी उनके सारे दिव्य गुण तथा ऐश्वर्य निहित हैं। हे धन-धान्य की देवी! आप मुझ पर कृपालु हों हे जगन्माता! मैं आपको सादर नमस्कार करता हूँ।

ॐ नमो भगवते महापुरुषाय महानुभावाय महाविभूतिपतये
सह महाविभूतिभिर्बलिमुपहरामीति, अनेनाहरहर्मन्त्रेण
विष्णोरावाहनार्ध्यपाद्योपस्पर्शनस्नानवासउपवीतविभूषणगन्ध
पुष्पधूप दीपोपहाराद्युपचारान्सुसमाहितोपाहरेत्॥

हे छः ऐश्वर्यों से पूर्ण श्रीभगवान् विष्णु! आप सर्वश्रेष्ठ भोक्ता एवं सर्व-शक्तिमान हैं। हे धन-धान्य की देवी लक्ष्मी माता के पति! विश्वक्सेन जैसे पार्षदों की संगति में रहने वाले, मैं आपको सादर नमस्कार करता हूँ। मैं आपको समस्त पूजा-सामग्री अर्पित करता हूँ। मनुष्य को चाहिए कि प्रतिदिन अत्यन्त मनोयोग से भगवान् विष्णु की पूजा-यथा उनके हाथ, पाँव तथा मुख प्रक्षालित करने के लिए और स्नान के लिए जल इत्यादि पूजा-सामग्रियों से पूजा करते हुए इस मन्त्र का उचारण करे। उसे चाहिए कि उन्हें वस्त्र, यज्ञोपवीत, आभूषण, सुगन्धित द्रव्य, पुष्प, धूप तथा दीप अर्पित करे।

प्रणमेद्दण्डवद्भूमौ भक्तिप्रह्वेण चेतसा।
दशवारं जपेन्मन्त्रं ततः स्तोत्रमुदीरयेत्॥

भगवान् को भक्ति के साथ विनीत भाव से नमस्कार करना चाहिए। भूमि पर दंडवत करते हुए उपर्युक्त मन्त्र का दस बार उचारण करना चाहिए। तब उसे निम्नानुसार प्रार्थना करनी चाहिए।

युवां तु विश्वस्य विभू जगतः कारणं परम्।
इयं हि प्रकृतिः सूक्ष्मा मायाशक्तिर्दुरत्यया॥

हे भगवान् विष्णु तथा धन-धान्य की देवी, माता लक्ष्मी! आप दोनों समस्त सृष्टि के स्वामी हैं। वास्तव में इस सृष्टि के कारण आप ही हैं। माता लक्ष्मी को समझ पाना अत्यन्त ही कठिन है क्योंकि वे इतनी शक्तिशाली हैं कि उनकी शक्ति की सीमा को पार पाना कठिन है। माता लक्ष्मी को भौतिक जगत में बहिरंगा शक्ति के रूप में अंकित किया जाता है, परन्तु वास्तव में वे सर्वदा ईश्वर की अन्तरंगा शक्ति हैं।

नित्यैव सा जगन्माता विष्णोः श्रीरपायिनी।
यथा सर्वगतो विष्णुस्तथैवेयं द्विजोत्तम॥
विष्णो स्युः शक्तयस्तिस्रस्तासु या कीर्तिता परा।
सैव श्रीस्तदाभिन्नेति प्राह शिष्यान् प्रभुर्महान्॥

हे ब्राह्मण श्रेष्ठ। देवी लक्ष्मी जी पूर्ण पुरुषोत्तम भगवान् विष्णु की चिरसंगिनी हैं इसलिए उन्हें अनपायिनी कहा जाता है। वे समस्त सृष्टि की माता हैं। जिस प्रकार भगवान् विष्णु सर्वव्यापी है उसी प्रकार उनकी आत्मपराशक्ति माता लक्ष्मी जी सर्वव्यापी हैं। भगवान् विष्णु की तीन प्रमुख शक्तियाँ हैं— अन्तरंगा शक्ति, बहिरंगा शक्ति तथा तटस्था शक्ति। श्री चैतन्य महाप्रभु ने पराशक्ति को भगवान विष्णु से अभिन्न माना है। इस प्रकार माता लक्ष्मी भी स्वतत्र विष्णु तत्त्व में सम्मिलित हैं।

यथा युवां त्रिलोकस्य वरदौ परमेष्ठिनौ।
तथा म उत्तमश्लोक सन्तु सत्या महाशिषः॥

आप दोनों ही तीनों लोकों के परम अधिष्ठाता एवं वरदाता हैं, इसीलिए हे उत्तमश्लोक भगवान्! आपके अनुग्रह से मेरी अभिलाषाएँ पूर्ण हों।

नम आद्याय बीजाय ज्ञानविज्ञानमूर्तये।
प्राणेन्द्रियमनोबुद्धीविकारैर्व्यक्तिमींयुषे॥

मैं इस ब्रह्मांड के मूल आदि पुरुष ब्रह्माजी को नमस्कार करता हूँ, जो ज्ञान-विज्ञान हैं तथा जो दृश्य जगत को उत्पन्न करने में अपने मन तथा अनुभूत बुद्धि का उपयोग कर सकते हैं। उनके कार्य-कलापों के ही कारण इस ब्रह्मांड में हर वस्तु दृष्टिगोचर हो रही है, अतएव वे समग्र अभिव्यक्तियों के कारण-स्वरूप हैं।

अनन्ताव्यक्तरूपेण येनेदमखिलं ततम्।
चिदाचिच्छक्तियुक्ताय तस्मै भगवते नमः॥

मैं उन परम पुरुष को नमस्कार करता हूँ, जिन्होंने अपने अनन्त, अप्रकट रूप को विराट जगत के रूप में ब्रह्मांड की समग्रता में विस्तारित किया है। उनमें अन्तरंगा शक्ति

तथा बहिरंगा शक्ति और समस्त जीवों से समन्वित मिश्रित तटस्था शक्ति पाई जाति है।

तस्मै नमोऽस्तु काष्ठायै यत्रात्मा हरिरीश्वरः।
यद्गत्वा न निवर्तन्ते शान्ताः सन्न्यासिनोऽमलाः॥
इति ते संयतात्मानः समाहितधियोऽमलाः।
उपतस्थुर्हृषीकेशं विनिद्रा वायुभोजनाः॥

हम उस दिशा को सादर नमस्कार करते हैं जहाँ भगवान् स्थित हैं, जहाँ संन्यास आश्रम में रहने वाले विशुद्ध आत्मा महान् संन्यासीगण जाते हैं और जहाँ जाकर वे फिर कभी नहीं लौटते। बिना सोये, अपने मन को पूर्णतया वश में करके तथा केवल अपनी श्वास पर जीवित रहकर विभिन्न लोकपालों ने ऐसा ध्यान करके हृषिकेश की पूजा करनी प्रारम्भ की।

अकामः सर्वकामो वा मोक्षकाम उदारधिः।
तीव्रेण भक्तियोगेन यजेत पुरुषं परम्॥

कोई कुछ चाहे या कुछ भी न चाहे अथवा भगवान् में लीन होना चाहे, वह तभी बुद्धिमान कहलाता है जब वह दिव्य प्रेमाभक्ति के द्वारा पूर्ण पुरुषोत्तम भगवान् कृष्ण की पूजा करता है। चाहे कोई कर्मी हो, अथवा ज्ञानी या योगी, यदि वह किसी विशेष वर की पूर्ति चाहता है भले ही वर भौतिक क्यों न हो तो उसे भगवान् के पास जाकर प्रार्थना करनी चाहिए क्योंकि तब उसकी पूर्ति होगी। किसी भी इच्छा-पूर्ति के लिए किसी देवता के पास अलग से जाने की आवश्यकता नहीं।

श्रीप्रह्लाद उवाच

परः स्वश्चेत्यसद्ग्राहः पुंसां यन्मायया कृतः।
विमोहितधियां दृष्टस्तस्मै भगवते नमः॥

मैं उन पूर्ण पुरुषोत्तम भगवान् को नमस्कार करता हूँ, जिनकी माया ने मनुष्यों की बुद्धि को मोहित कर मेरे मित्र तथा मेरे शत्रु में विभेद उत्पन्न किया है। वस्तुतः मुझको अब इसका वास्तविक अनुभव हो रहा है, यद्यपि मैंने पहले इसके विषय में प्रामाणिक स्रोतों से सुन ही रखा है।

साक्षात् धरित्वेन समस्तशास्त्रै—
रुक्तस्तथा भाव्यत एव सद्भिः।
किन्तु प्रभोर्यः प्रिय एव तस्य
वन्दे गुरोः श्रीचरणारविन्दम्॥

गुरु का उतना ही आदर किया जाना चाहिए जितना कि परम भगवान् का किया जाता है क्योंकि वह भगवान् का परम विश्वस्त सेवक है। इसे समस्त शास्त्रों ने स्वीकार किया है और सारे विद्वान् इसका पालन करते हैं। अतएव मैं ऐसे गुरु के चरणकमलों को सादर प्रणाम करता हूँ जो श्रीहरि के प्रामाणिक प्रतिनिधि हैं।

श्रीब्रह्मोवाच

नतोऽस्म्यनन्ताय दुरन्तशक्तये
विचित्रवीर्याय पवित्रकर्मणे।
विश्वस्य सर्गस्थितिसंयमान्गुणैः
स्वलीलया सन्दधतेऽव्ययात्मने॥

हे भगवान्! आप अनन्त हैं और आपकी शक्ति का कोई अन्त नहीं है। कोई भी आपके पराक्रम तथा अद्भुत प्रभाव का अनुमान नहीं लगा सकता, क्योंकि आपके कर्म माया द्वारा दूषित नहीं होते। आप भौतिक गुणों से सहज ही ब्रह्मांड का सृजन, पालन तथा संहार करते हैं लेकिन तो भी आप अव्यय बने रहते हैं। अतएव मैं आपको सादर प्रणाम करता हूँ।

श्रीनागा ऊचुः

येन पापेन रत्नानि स्त्रीरत्नानि हृतानि नः।
तद्वक्षःपाटनेनासां दत्तानन्द नमोऽस्तु ते॥

अत्यन्त पापी हिरण्यकशिपु ने हम सबके फणों की मणियाँ तथा हम सबकी सुन्दर पत्नियाँ छिन ली थीं। अब, चूँकि उसके वक्षस्थल को आपने अपने नाखूनों से चीर दिया है, अतएव आप हमारी पत्नियों की परम प्रसन्नता के कारण हैं। इस तरह हम सभी मिलकर आपको सादर नमस्कार करते हैं।

श्रीप्रह्लाद उवाच

स त्वं हि नित्यविजितात्मगुणः स्वधाम्ना
कालो वशीकृतविसृज्यविसर्गशक्तिः।
चक्रे विसृष्टमजयेश्वर षोडशारे
निष्पीडयमानमुपकर्ष विभो प्रपन्नम्॥

हे मेरे प्रिय भगवान्, हे परम पुरुष, आपने सोलह अवयवों से इस भौतिक जगत की रचना की है, किन्तु आप उनके भौतिक गुणों से परे हैं। दूसरे शब्दों में, ये

भौतिक गुण पूरी तरह आपके वश में हैं तथा आप कभी भी उनके द्वारा जीते नहीं जाते। अतएव काल तत्व आपका प्रतिनिधित्व करता है। हे प्रभु, हे परमेश्वर आपको कोई जीत नहीं सकता। किन्तु जहाँ तक मेरी बात है, मैं तो कालचक्र द्वारा पिसा जा रहा हूँ, अतएव मैं आपको पूर्ण आत्म-समर्पण करता हूँ। अब आप मुझे अपने चरणकमलों में संरक्षण प्रदान करें।

को न्वत्र तेऽखिलगुरो भगवन्प्रयास
उत्तारणेऽस्य भवसम्भवलोपहेतोः।
मूढेषु वै महदनुग्रह आर्तबन्धो
किं तेन ते प्रियजनाननुसेवतां नः॥

हे भगवान्, हे समग्र जगत के आदि आध्यात्मिक गुरु, आप ही ब्रह्मांड के सृजन, पालन तथा संहार का कारण स्वरूप हैं, अतएव आपकी सेवा में लगे हुए पतितात्माओं का उद्धार करने में आपको कौन सी कठिनाई है? आप सारी दुखयारी जीवों के मित्र हैं और महापुरुषों के लिए मूर्ख व्यक्तियों पर दया दिखलाना आवश्यक है। अतएव आप हम जैसे मनुष्यों पर अहैतुकी कृपा प्रदर्शित करेंगे जो आपकी सेवा में लगे हुए हैं।

तत्तेऽर्हत्तम नमः स्तुतिकर्मपूजाः
कर्म स्मृतिश्चरणयोः श्रवणं कथायाम्।
संसेवया त्वयि विनेति षडङ्गया किं
भक्तिं जनः परमहंसगतौ लभेत॥

अतएव हे श्रेष्ठतम पूज्य भगवान्, मैं आपको सादर प्रणाम करता हूँ, क्योंकि षड्अंग भक्ति अर्थात् प्रार्थना करना, समस्त कर्म फलों आपको समर्पित करना, पूजा करना, आपके निमित्त कर्म करना, आपके चरणकमलों को सर्वदा स्मरण करना तथा आपके यश का श्रवण करना ऐसी भक्ति किये बिना परमहंस पद को प्राप्त होने वाला लाभ भला कौन प्राप्त कर सकता है?

ॐ नमो भगवते तुभ्यं पुरुषाय महात्मने।
हरयेऽद्भुतसिंहाय ब्रह्मणे परमात्मने॥

हे छः ऐश्वर्यों से पूर्ण भगवान्, हे परम पुरुष, हे परमात्मा, हे समस्त दुखों को हरने वाले, हे अद्भुत नृसिंह रूप में परम पुरुष, मैं आपको सादर प्रणाम करता हूँ।

श्रीनारद उवाच

नत्वा भगवतेऽजाय लोकानां धर्मसेतवे।
वक्ष्ये सनातनं धर्मं नारायणमुखाच्छ्रयतम्॥

मैं सर्वप्रथम समस्त जीवों के धार्मिक सिद्धान्तों के संरक्षक भगवान् कृष्ण को नमस्कार करके नित्य धार्मिक पद्धति के सिद्धान्तों को बताता हूँ जिन्हें मैंने नारायण के मुख से सुना है।

ॐ अज्ञानतिमिरान्धस्य ज्ञानाञ्ज नशलाकया।
चक्षुरुन्मीलितं येन तस्मै श्रीगुरवे नमः॥

मैं अपने गुरु को सादर नमस्कार करता हूँ जिन्होंने ज्ञान की दीप से मेरी उन आँखों को खोल दिया है, जो अज्ञान के अन्धकार से अन्धी हो गई थीं।

श्रीगजेन्द्र उवाच

ॐ नमो भगवते तस्मै यत एतच्चिदात्मकम्।
पुरुषायादिबीजाय परेशायाभिधीमहि॥

मैं परम पुरुष वासुदेव को सादर नमस्कार करता हूँ। उन्हीं के कारण यह शरीर आत्मा की उपस्थिति के परिणाम स्वरूप कर्म करता है; अतएव वे प्रत्येक जीव के मूल कारण हैं। वे ब्रह्मा तथा शिव जैसे महापुरुषों के लिए पूजनीय हैं और वे प्रत्येक जीव के हृदय में विराजित हैं। मैं उनका ध्यान करता हूँ।

यः स्वात्मनीदं निजमाययार्पितं
क्वचिद्विभातं क्व च तत्तिरोहितम्।
अविद्धदृक्साक्ष्युभयं तदीक्षते
स आत्ममूलोऽवतु मां परात्परः॥

भगवान् अपनी शक्ति के विस्तार द्वारा कभी जो दृश्य जगत को व्यक्त बनाते हैं और कभी उसे अव्यक्त बना देते हैं। वे सभी प्रकार के परिस्थितियों में परम कारण तथा परम कार्य, प्रेक्षक तथा साक्षी दोनों हैं। इस प्रकार वे सभी वस्तुओं से परे हैं। ऐसे भगवान् मेरी रक्षा करें।

कालेन पञ्चत्वमितेषु कृत्स्नशो
लोकेषु पालेषु च सर्वहेतुषु
तमस्तदासीद्गहनं गभीरं
यस्तस्य पारेऽभिविराजते विभुः॥

कालान्तर में जब सारे लोकों तथा उनके निदेशकों एवं पालनकर्ताओं समेत इस दृश्य जगत के सारे कार्य-कारणों का संहार हो जाता है, तो धोर अन्धकार की स्थिति आती है। किन्तु इस अन्धकार के ऊपर भगवान् रहता है। मैं उनके चरणकमलों की शरण ग्रहण करता हूँ।

न यस्य देवा ऋषयः पदं विदु—
र्जन्तुः पुनः कोऽर्हति गन्तुमीरितुम्।
यथा नटस्याकृतिभिर्विचेष्टतो
दुरत्ययानुक्रमणः स मावतु॥

आकर्षित करने वाली वेशभूषा से ढके रहने तथा विभिन्न प्रकार की गतियों से नाचने के कारण रंगमंच के कलाकार को श्रोता समझ नहीं पाते। इसी प्रकार परम कलाकार के कार्यों तथा स्वरूपों को बड़े-बड़े मुनि या देवतागण भी समझ नहीं पाते और पशुओं के समान बुद्धिहीन जीव तो इसे समझ ने में पूर्ण रूप से असमर्थ है। न तो देवता तथा न तो मुनि, न ही बुद्धिहीन मनुष्य भगवान् के स्वरूप को समझ सकते हैं और न ही वे उनकी वास्तविक स्थिति को अभिव्यक्त कर सकते हैं। वही भगवान् मेरी रक्षा करें।

दिदृक्षवो यस्य पदं सुमङ्गलं
विमुक्तसङ्गा मुनयः सुसाधवः।
चरन्त्यलोकव्रतमव्रणं वने
भूतात्मभूताः सुहृदः स मे गतिः॥

जो समस्त जीवों के प्रति समान भाव रखते हैं, जो सबों के मित्र हैं तथा जो वन में ब्रह्मचर्य, वानप्रस्थ तथा संन्यास व्रत का अभ्यास बिना त्रुटि के करते हैं, ऐसे विमुक्त तथा मुनिगण भगवान् के सर्व कल्याणप्रद चरणकमलों का दर्शन पाने के इच्छुक रहते हैं। वही भगवान् मेरी गन्तव्य हों।

न विद्यते यस्य च जन्म कर्म वा
न नामरूपे गुणदोष एव वा।
तथापि लोकाप्ययसम्भवाय यः
स्वमायया तान्यनुकालमृच्छति॥
तस्मै नमः परेशाय ब्रह्मणेऽनन्तशक्तये।
अरूपायोरुरूपाय नम आश्चर्यकर्मणे॥

पूर्ण पुरुषोत्तम भगवान् भौतिक जन्म, कार्य, नाम, रूप, गुण अथवा दोष से रहित हैं। इस दृश्य जगत का जिस अभिप्राय से सृष्टि तथा विनाश होता रहता है

उसकी पूर्ति के लिए वे अपनी मूल अन्तरंगा शक्ति द्वारा भगवान् रामचन्द्र या कृष्ण जैसे मानव सदृश रूप में आते हैं। उनकी शक्ति असीमित तथा महान् है और वे भिन्न-भिन्न रूपों में भौतिक कल्मष से सर्वथा मुक्त होकर अद्भुत कर्म करते हैं। अतएव वे परब्रह्म हैं। मैं उन्हें नमस्कार करता हूँ।

नम आत्मप्रदीपाय साक्षिणे परमात्मने।
नमो गिरां विदूराय मनसश्चेतसामपि॥

मैं उन आत्मप्रकाशित परमात्मा को सादर नमस्कार करता हूँ जो प्रत्येक हृदय में साक्षी स्वरूप स्थित हैं, व्यष्टि जीवात्मा को प्रकाशित करते हैं और जिन तक मन, वाणी अथवा चेतना के प्रयासों द्वारा नहीं पहुँचा जा सकता।

सत्त्वेन प्रतिलभ्याय नैष्कर्म्येण विपश्चिता।
नमः कैवल्यनाथाय निर्वाणसुखसंविदे॥

भगवान् की अनुभूति उन शुद्ध भक्तों को होती है, जो भक्तियोग की दिव्य स्थिति में रहकर कर्म करते हैं। वे अकलुषित सुख को प्रदान करने वाला हैं और दिव्यलेक के स्वामी हैं। अतएव मैं उन्हें नमस्कार करता हूँ।

नमः शान्ताय घोराय मूढाय गुणधर्मिणे।
निर्विशेषाय साम्याय नमो ज्ञानघनाय च॥

मैं सर्वव्यापी भगवान् वासुदेव को, भयानक रूप में भगवान् नृसिंह देव को, पशु रूप में भगवान् वराह देव को, निर्विशेषवाद का उपदेश देने वाले भगवान् दत्तात्रेय को, निर्वाण रूप में भगवान् बुद्ध को तथा अन्य समस्त अवतारों को नमस्कार करता हूँ। मैं उन भगवान् को सादर नमस्कार करता हूँ, जो निर्गुण हैं, किन्तु इस दृश्य जगत में सतो, रजो तथा तमो गुणों को स्वीकार करते हैं। मैं निर्विशेष ब्रह्मतेज को भी सादर नमस्कार करता हूँ।

क्षेत्रज्ञाय नमस्तुभ्यं सर्वाध्यक्षाय साक्षिणे।
पुरुषायात्ममूलाय मूलप्रकृतये नमः॥

मैं आपको नमस्कार करता हूँ। आप परमात्मा, तथा जो कुछ घटित होता है उसके साक्षी हैं। आप परम पुरुष, प्रकृति तथा समग्र भौतिक शक्ति के उद्गम हैं। आप भौतिक शरीर के भी स्वामी हैं। अतएव आप परम पूर्ण हैं। मैं आपको सादर नमस्कार करता हूँ।

नमो नमस्तेऽखिलकारणाय
निष्कारणायाद्भुतकारणाय।

सर्वागमाम्नायमहार्णवाय
नमोऽपवर्गाय परायणाय॥

हे भगवान्, आप समस्त कारणों के कारण हैं, किन्तु आपका अपना कोई कारण नहीं हैं, अतएव आप हर वस्तु के अद्‌भुत कारण हैं। मैं आपको अपना सादर नमस्कार अर्पित करता हूँ। आप पञ्चरात्र तथा वेदान्तसूत्र जैसे शास्त्रों में निहित वैदिक ज्ञान के आश्रय हैं, जो आपके ही साक्षात् स्वरूप हैं और परम्परा पद्धति के स्रोत हैं। चूँकि मोक्ष प्रदान करने वाला आप ही हैं अतएव आप ही अध्यात्मवादियों के एक मात्र आश्रय हैं। मैं आपको सादर नमस्कार करता हूँ।

गुणारणिच्छन्नचिदुष्मपाय
तत्क्षोभविस्फूर्जितमानसाय।
नैष्कर्म्यभावेन विवर्जितागम—
स्वयंप्रकाशाय नमस्करोमि॥

हे भगवान्! जिस तरह अरणि-काष्ठ में अग्नि ढकी रहती है उसी तरह आप तथा आपका असीम ज्ञान प्रकृति के भौतिक गुणों से ढका रहता है। किन्तु आपका मन प्रकृति के गुणों के कार्यकलापों पर ध्यान नहीं देता। जो व्यक्ति आध्यात्मिक ज्ञान में बढ़े-चढ़े हैं, वे वैदिक वाङ्मय में निर्देशित विधि-विधानों के अधीन नहीं होते। चूँकि ऐसे उन्नत लोग दिव्य होते हैं अतएव आप स्वयं उनके शुद्ध मन में प्रकट होते हैं। अत: मैं आपको सादर नमस्कार करता हूँ।

मादृक्प्रपन्नपशुपाशविमोक्षणाय
मुक्ताय भूरिकरुणाय नमोऽलयाय।
स्वांशेन सर्वतनुभृन्मनसि प्रतीत—
प्रत्यग्दृशे भगवते बृहते नमस्ते॥

चूँकि मुझ जैसे पशु ने परममुक्त आपकी शरण ग्रहण की है, अतएव आप निश्चित् रूप से मुझे इस संकटमय स्थिति से उबार लेंगे। निस्सन्देह, अत्यन्त दयालु होने के कारण आप निरन्तर मेरा उद्धार करने का प्रयास करते हैं। आप अपने परमात्मा-रूप अंश से समस्त देहधारी जीवों के हृदय में स्थित हैं। आप प्रत्यक्ष दिव्य ज्ञान के रूप में विख्यात हैं और आप असीम हैं। हे भगवान्! मैं आपको सादर नमस्कार करता हूँ।

आत्मात्मजाप्तगृहवित्तजनेषु सक्तै—
र्दुष्प्रापणाय गुणसङ्गविवर्जिताय।

मुक्तात्मभिः स्वहृदये परिभाविताय
ज्ञानात्मने भगवते नम ईश्वराय॥

हे भगवान्! जो व्यक्ति भौतिक कल्मष से पूर्ण रूप से मुक्त हैं, वे अपने हृदय के भीतर में सर्वदा आपका ध्यान करते हैं। आप मुझ जैसों के लिए दुष्प्राप्य हैं, जो मनोरथ, घर, सम्बन्धियों, मित्रों, धन, नौकरों तथा सहायकों के प्रति अत्यधिक आसक्त रहते हैं। आप प्रकृति के भौतिक गुणों से अकलुषित भगवान् हैं। आप समस्त ज्ञान के आगार, परमनियन्ता हैं। अतएव मैं आपको सादर नमस्कार करता हूँ।

यं धर्मकामार्थविमुक्तिकामा
भजन्त इष्टां गतिमाप्नुवन्ति।
किं चाशिषो रात्यपि देहमव्ययं
करोतु मेऽदभ्रदयो विमोक्षणम्॥

भगवान् की पूजा करने पर जो व्यक्ति धर्म, अर्थ, काम और मोक्ष—इन चारों की कामना करते हैं, वे उनसे अपनी इच्छानुसार इन्हें प्राप्त कर सकते हैं। तो फिर अन्य आशीर्वादों के विषय में क्या कहा जा सकता है? कभी-कभी भगवान् ऐसे महत्त्वाकांक्षी पूजकों को आध्यात्मिक शरीर प्रदान करते हैं। जो भगवान् अत्यधिक दयालु हैं, वे मुझे वर्तमान संकट से तथा भौतिकतावादी जीवन शैली से मुक्ति का आशीर्वाद दें।

एकान्तिनो यस्य न कञ्चनार्थं
वाञ्छन्ति ये वै भगवत्प्रपन्नाः।
अत्यद्भुतं तच्चारितं सुमङ्गलं
गायन्त आनन्दसमुद्रमग्नाः॥
तमक्षरं ब्रह्म परं परेश—
मव्यक्तमाध्यात्मिकयोगगम्यम्।
अतीन्द्रियं सूक्ष्ममिवातिदूर—
मनन्तमाद्यं परिपूर्णमीडे॥

ऐसे अनन्य भक्त जिन्हें भगवान् की सेवा करने के अतिरिक्त अन्य कोई चाह नहीं रहती, वे भगवान् के चरणकमलों में पूरी तरह से शरणागत होकर उनकी पूजा करते हैं और उनके आश्चर्यजनक तथा शुभ कार्यकलापों के विषय में सर्वदा श्रवण तथा कीर्तन करते हैं। इस प्रकार वे सर्वदा दिव्य आनन्द रूपी सागर में मग्न रहते हैं। ऐसे भक्त भगवान् से कोई वरदान नहीं माँगते, किन्तु मैं तो संकट में हूँ। अतएव मैं उन भगवान् की स्तुति करता हूँ जो। साश्वत रूप में विद्यमान हैं, जो अदृश्य हैं, जो ब्रह्मा जैसे महापुरुषों के भी स्वामी हैं और जो केवल दिव्य भक्तियोग द्वारा ही प्राप्त

होते हैं। अत्यन्त सूक्ष्म होने के कारण वे मेरी इन्द्रियों की पहुँच से तथा समस्त बाह्य अनुभूति से परे हैं। वे असीम हैं, वे आदि कारण हैं और सभी तरह से पूर्ण हैं। मैं उनको नमस्कार करता हूँ।

सोऽहं विश्वसृजं विश्वमविश्वं विश्ववेदसम्।
विश्वात्मानमजं ब्रह्म प्रणतोऽस्मि परं पदम्॥

भौतिक जीवन से मोक्ष प्राप्ति की कामना करता हुआ अब मैं उस परम पुरुष को नमस्कार करता हूँ जो इस ब्रह्मांड का स्रष्टा है, जो साक्षात् विश्व का स्वरूप होते हुए भी इस विश्व से परे है। वह इस दृश्य जगत में प्रत्येक वस्तु का परम ज्ञाता है, ब्रह्मांड का परमात्मा है। वह अजन्मा है और परम पद पर स्थित भगवान् है। मैं उनको सादर नमस्कार करता हूँ।

योगरन्धितकर्माणो हृदि योगविभाविते।
योगिनो यं प्रपश्यन्ति योगेशं तं नतोऽस्म्यहम्॥

मैं उन ब्रह्म, परमात्मा, समस्त योग के स्वामी को सादर नमस्कार करता हूँ जो सिद्ध योगियों द्वारा अपने हृदयों में तब देखे जाते हैं जब उनके हृदय भक्तियोग के अभ्यास द्वारा सकाम कर्मों के फलों से पूरी तरह शुद्ध तथा मुक्त हो जाते हैं।

नमो नमस्तुभ्यमसह्यवेग
शक्तित्रयायाखिलधीगुणाय।
प्रपन्नपालाय दुरन्तशक्तये
कदिन्द्रियाणामनवाप्यवर्त्मने॥

हे भगवान्! आप तीन प्रकार शक्तियों के दुस्तर प्रवाह के नियामक हैं। आप समस्त इन्द्रियसुख के आगार हैं और शरणागत जीवों के रक्षक हैं। आप असीम शक्ति के स्वामी हैं, किन्तु जो लोग अपनी इन्द्रिय-संयम करने में अक्षम है, वे आप तक नहीं पहुँच पाते। मैं आपको बारम्बार सादर नमस्कार करता हूँ।

नायं वेद स्वमात्मानं
यच्छक्त्याहंधिया हतम्।
तं दुरत्ययमाहात्म्यं
भगवन्तमितोऽस्म्यहम्॥

मैं उन भगवान् को सादर नमस्कार करता हूँ जिनकी माया से ईश्वर का अंश जीव देहात्मबुद्धि के कारण अपनी असली पहचान को भूल जाता है। मैं उन भगवान की शरण ग्रहण करता हूँ जिनकी महिमा को समझ पाना कठिन है।

श्रीशुक उवाच

सोऽन्तःसरस्युरुबलेन गृहीत आर्तो
दृष्ट्वा गरुत्मति हरिं ख उपात्तचक्रम्।
उत्क्षिप्य साम्बुजकरं गिरमाह कृच्छ्रा-
न्नारायणाखिलगुरो भगवन्नमस्ते॥

घड़ियाल ने गजेन्द्र को जल में बलपूर्वक पकड़ रखा था जिसके कारण उसे अत्यन्त पीड़ा का अनुभव हो रहा था, किन्तु जब उसने देखा कि नारायण अपना चक्र घुमाते हुए गरुड़ की पीठ पर बैठ कर आकाश में आ रहे हैं, तो उसने तुरन्त ही अपनी सूंड़ में एक कमल पुष्प ले लिया और अपनी वेदना के कारण अत्यन्त कठिनाई से यह शब्द कहे, च्च् हे भगवान्, नारायण, हे ब्रह्मांड के स्वामी! हे परमेश्वर! मैं आपको सादर नमस्कार करता हूँ।

अजस्य चक्रं त्वजयेर्यमाणं
मनोमयं पञ्चदशारमाशु।
त्रिनाभि विद्युच्चलमष्टनेमि
यदक्षमाहुस्तमृतं प्रपद्ये॥

भौतिक कार्यों के चक्र में, भौतिक शरीर मानसिक रथ के पहिये जैसा होता है। दस इन्द्रियाँ (पाँच कर्मेन्द्रियाँ तथा पाँच ज्ञानेन्द्रियाँ) तथा शरीर के भीतर पाँच प्राण मिलकर रथ के पहिये के पन्द्रह तीलियाँ बनाते हैं। प्रकृति के तीन गुण यथा सत्त्वगुण, रजस्गुण और तमस्गुण कार्यकलापों के केन्द्रबिन्दु हैं और प्रकृति के आठ अवयव (पृथ्वी, जल, अग्नि, वायु, आकाश, मन, बुद्धि तथा मिथ्या अंहकार) इस पहिये की बाहरी परिधि बनाते हैं। बहिरंगा भौतिक शक्ति इस पहिये को विद्युत् शक्ति की भाँति घुमाती है। इस प्रकार यह पहिया बड़ी तेजी से अपनी धुरी या केन्द्रीय आधार अर्थात भगवान् के चारों ओर घूमता है, जो परमात्मा तथा परम सत्य हैं। हम उन्हें सादर नमस्कार करते हैं।

य एकवर्णं तमसः परं त—
दलोकमव्यक्तमनन्तपारम्।
आसां चकारोपसुपर्णमेन—
मपासते योगरथेन धीराः॥

भगवान् शुद्ध सत्त्व में स्थित हैं, अतएव वे एकवर्ण—ओङ्कार हैं। चूँकि भगवान् अन्धकार माने जाने वाले दृश्य जगत से परे हैं, अतएव वे भौतिक नेत्रों से

नहीं दिखते। फिर भी वे दिक् या काल द्वारा हमसे पृथक् नहीं होते, अपितु वे सर्वत्र उपस्थित रहते हैं। अपने वाहन गरुड़ पर आसीन उनकी पूजा क्षोभ से मुक्ति पा चुके मनुष्यों के द्वारा योग शक्ति से की जाती है। हम सभी उनको सादर नमस्कार करते हैं।

न यस्य कश्चातितितर्ति मायां
यया जनो मुह्यति वेद नार्थम्।
तं निर्जितात्मात्मगुणं परेशं
नमाम भूतेषु समं चरन्तम्॥

कोई भी व्यक्ति भगवान् की माया का पार नहीं पा सकता जो इतनी प्रबल होती है कि हर व्यक्ति इससे भ्रमित होकर जीवन के लक्ष्य को समझने की बुद्धि गवाँ देता है। किन्तु वही माया उन् भगवान् के वश में रहती है, जो सब पर शासन करते हैं और सभी जीवों पर समान दृष्टि रखते हैं। हम उन्हें नमस्कार करते हैं।

इमे वयं यत्प्रिययैव तन्वा
सत्त्वेन सृष्टा बहिरन्तराविः।
गतिं न सूक्ष्मामृषयश्च विद्महे
कुतोऽसुराद्या इतरप्रधानाः॥

चूँकि हमारे शरीर सत्त्वगुण से निर्मित हैं अतः हम देवगण भीतर तथा बाहर से सतोगुण में स्थित हैं। अतएव यदि हम भी भगवान् को न समझ पायें तो उन नगण्य प्राणियों के विषय में क्या कहा जाये जो रजो तथा तमो गुणों में स्थित हैं? भला वे भगवान् को कैसे समझ सकते हैं? हम उन भगवान् को सादर नमस्कार करते हैं।

अम्भस्तु यद्रेत उदारवीर्यं
सिध्यन्ति जीवन्त्युत वर्धमानाः।
लोका यतोऽथाखिललोकपालाः
प्रसीदतां नः स महाविभूतिः॥

सारा विराट जगत जल से उद्भूत है और जल ही के कारण सारे जीव बने रहते हैं, जीवित रहते हैं और फूलते-फलते होते हैं। यह जल भगवान् के वीर्य के अतिरिक्त और कुछ नहीं है। अतएव इतनी महान् शक्ति वाले पूर्ण पुरुषोत्तम भगवान् हम पर प्रसन्न हों।

सोमं मनो यस्य समामनन्ति
दिवौकसां यो बलमन्ध आयुः।

ईशो नगानां प्रजनः प्रजानां
प्रसीदतां नः स महाविभूतिः ॥

सोम अर्थात् चन्द्रमा समस्त देवताओं के लिए अन्न, बल तथा दीर्घायु का स्रोत है। वह सारी वनस्पतियों का स्वामी तथा सारे जीवों की उत्पत्ति का स्रोत भी है। जैसा कि विद्वानों ने कहा है, चन्द्रमा भगवान् का मन है। ऐसे समस्त ऐश्वर्यों के स्रोत भगवान् हम पर प्रसन्न हों।

अग्निर्मुखं यस्य तु जातवेदा
जातः क्रियाकांडनिमित्तजन्मा।
अन्तःसमुद्रेऽनुपचन्स्वधातून्
प्रसीदतां नः स महाविभूतिः ॥

अनुष्ठानों की आहुतियाँ ग्रहण करने के लिए उत्पन्न अग्नि भगवान् का मुख है। समुद्र की गहराइयों में भी सम्पदा उत्पन्न करने के लिए अग्नि रहती है और उदर में भोजन पचाने के लिए तथा शरीर-पालन हेतु विभिन्न स्रावों को उत्पन्न करने के लिए भी अग्नि उपस्थित रहती है। ऐसे परम ऐश्वर्यवान् भगवान् हम पर प्रसन्न हों।

यच्चक्षुरासीत्तरणिर्देवयानं
त्रयीमयो ब्रह्मण एष धिष्णयम्।
द्वारं च मुक्तेरमृतं च मृत्युः
प्रसीदतां नः स महाविभूतिः ॥

सूर्यदेव मोक्ष-पथ को चिन्हित करते हैं, जो अर्चिरादि वर्त्म कहलाता है। वे वेदों के ज्ञान का प्रमुख स्रोत हैं; वे ही ऐसे धाम हैं जहाँ पर परम सत्य को पूजा जा सकता है। वे मोक्ष के द्वार हैं; वे नित्य जीवन के स्रोत हैं; वे मृत्यु के भी कारण हैं। सूर्यदेव भगवान् की चक्षु हैं। ऐसे परम ऐश्वर्यवान् भगवान् हम पर प्रसन्न हों।

प्राणादभूद्यस्य चराचराणां
प्राणः सहो बलमोजश्च वायुः।
अन्वास्म सम्राजमिवानुगा वयं
प्रसीदतां नः स महाविभूतिः ॥

समस्त चर तथा अचर जीव अपनी प्राण, अपनी शारीरिक शक्ति तथा अपना जीवन तक वायु से प्राप्त करते हैं। हम सभी अपने प्राण के लिए वायु का अनुसरण करते हैं जिस प्रकार नौकर अपने राजा का अनुसरण करता हैं। वायु की जीवनी शक्ति भगवान् की मूल जीवनी शक्ति से उत्पन्न होती है। ऐसे भगवान् हम पर

प्रसन्न हों।

श्रोत्राद्दिशो यस्य हृदश्च खानि
प्रजज्ञिरे खं पुरुषस्य नाभ्याः।
प्राणेन्द्रियात्मासुशरीरकेतः
प्रसीदतां नः स महाविभूतिः॥

परम शक्तिशाली भगवान् हम पर प्रसन्न हों। विभिन्न दिशाएँ उनके कानों से उत्पन्न होती है, शरीर के छिद्र उनके हृदय से निकलते हैं एवं प्राण, इन्द्रियाँ, मन, शरीर के भीतर की वायु तथा शरीर आश्रय रूपी आकाश उनकी नाभि से निकलते हैं।

बलान्महेन्द्रस्त्रिदशाः प्रसादा—
न्मन्योर्गिरीशो धिषणाद् विरिञ्चः।
खेम्यस्तुछन्दांस्यृषयो मेढ्तः कः
प्रसीदतां नः स महाविभूतिः॥

स्वर्ग का राजा इन्द्र भगवान् के बल से उत्पन्न हुआ था, देवतागण भगवान् के कृपा से उत्पन्न हुए थे, शिवजी भगवान् के क्रोध से उत्पन्न हुए थे और ब्रह्माजी भगवान् की गम्भीर बुद्धि से उत्पन्न हुए थे। समस्त वैदिक मन्त्र भगवान् के शरीर के छिद्रों से उत्पन्न हुए थे तथा ऋषि तथा प्रजापतिगण भगवान् की जननेन्द्रियों से उत्पन्न हुए थे। ऐसे परम शक्तिशाली भगवान् हम पर प्रसन्न हों।

श्रीर्वक्षसः पितरश्छाययासन्
धर्मः स्तनादितरः पृष्ठतोऽभूत्।
द्यौर्यस्य शीर्ष्णोऽप्सरसो विहारात्
प्रसीदतां नः स महाविभूतिः॥

देवी लक्ष्मी उनके वक्षस्थल से उत्पन्न हुई, पितृलोक के निवासी भगवान् की छाया से उत्पन्न हुए, धर्म भगवान् के स्तन से तथा अधर्म उनकी की पीठ से उत्पन्न हुआ। स्वर्ग लोक भगवान् के सिर की चोटी से तथा अप्सराएँ भगवान् के इन्द्रिय भोग से उत्पन्न हुईं। ऐसे परम शक्तिशाली भगवान् हम पर प्रसन्न हों।

विप्रो मुखाद्ब्रह्म च यस्य गुह्नं
राजन्य आसीद्भुजयोर्बलं च।
ऊर्वोर्विडोजोऽङ्घ्रिरवेदशूद्रौ
प्रसीदतां नः स महाविभूतिः॥

ब्राह्मणगण तथा समस्त वैदिक ज्ञान भगवान् के मुख से उत्पन्न हुए, क्षत्रियगण तथा शारीरिक शक्ति उनकी भुजाओं से, वैश्यगण तथा उत्पादकता एवं धन–सम्पदा

सम्बन्धी उनका सक्षम उर्वर ज्ञान उनकी जाँघों से तथा वैदिक ज्ञान की सीमा से परे रहने वाले शूद्रगण उनकी चरणों से उत्पन्न हुए। ऐसे परम शक्तिशाली भगवान् जो पराक्रम से पूर्ण हैं, हम पर प्रसन्न हों।

लोभोऽधरात्प्रीतिरुपर्यभूद्द्युति—
र्नस्तः पशव्यः स्पर्शेन कामः।
भ्रुवोर्यमः पक्ष्मभवस्तु कालः
प्रसीदतां नः स महाविभूतिः॥

लोभ उनके निचले होंठ से, प्रीति उनके ऊपरी होंठ से, शारीरिक कान्ति उनकी नाक से, पाशविक वासनाएँ उनकी स्पर्शेन्द्रियों से, यमराज उनकी भौंहों से तथा नित्यकाल उनकी पलकों से उत्पन्न होते हैं। वे भगवान् हम सब पर प्रसन्न हों।

द्रव्यं वयः कर्म गुणान्विशेषं
यद्योगमायाविहितान्वदन्ति।
यद्दुर्विभाव्यं प्रबुधापबाधं
प्रसीदतां नः स महाविभूतिः॥

समस्त विद्वान् व्यक्ति कहते हैं कि पाँचों तत्त्व, नित्यकाल, सकाम कर्म, प्रकृति के तीनों गुण तथा इन गुणों से उत्पन्न भिन्न-भिन्न किस्में—ये सब योगमाया की सृष्टियाँ हैं। अतएव इस भौतिक जगत को समझ पाना अत्यन्त कठिन है, किन्तु जो लोग अत्यन्त विद्वान् हैं उन्होंने इसका तिरस्कार कर दिया है। जो सभी वस्तुओं के नियन्ता हैं ऐसे भगवान् हम सब पर प्रसन्न हों।

नमोऽस्तु तस्मा उपशान्तशक्तये
स्वाराज्यलाभप्रतिपूरितात्मने।
गुणेषु मायारचितेषु वृत्तिभि—
र्न सज्जमानाय नभस्वदूतये॥

हम उन भगवान् को सादर नमस्कार करते हैं, जो पूरी तरह शान्त, प्रयास से मुक्त तथा अपनी उपलब्धियों से पूरी तरह सन्तुष्ट हैं। वे अपनी इन्द्रियों द्वारा भौतिक जगत के कार्यों में लिप्त नहीं होते। निस्सन्देह, इस भौतिक जगत में अपनी लीलाएँ सम्पन्न करते समय वे अनासक्त वायु की तरह रहते हैं।

स त्वं नो दर्शयात्मानमस्मत्करणगोचरम्।
प्रपन्नानां दिदृक्षूणां सस्मितं ते मुखाम्बुजम्॥

हे भगवान्! हम आपके शरणागत हैं फिर भी हम आपका दर्शन करना चाहते

हैं। कृपया अपने मूल रूप को तथा अपने मुस्काते कमल सदृश मुख को हमारे नेत्रों को दिखलाइये और अन्य इन्द्रियों द्वारा अनुभव करने दीजिये।

यथा हि स्कन्धशाखानं तरोर्मूलावसेचनम्।
एवमाराधनं विष्णोः सर्वेषामात्मनश्च हि॥

जब वृक्ष की जड़ में पानी डाला जाता है, तब वृक्ष का तना तथा शाखाएँ स्वतः तुष्ट हो जाती हैं। इसी तरह जब कोई भगवान् विष्णु का भक्त बन जाता है, तो इससे हर एक की सेवा हो जाती है क्योंकि भगवान् हर एक के परमात्मा हैं।

नमस्तुभ्यमनन्ताय दुर्वितर्क्यात्मकर्मणे।
निर्गुणाय गुणेशाय सत्त्वस्थाय च साम्प्रतम्॥

हे भगवान्! हम आपको नमस्कार करते हैं क्योंकि आप नित्य हैं, काल की तीनों अवस्थाओं यथा भूत, वर्तमान और भविष्य की सीमा से परे हैं। आप अपने कार्यकलापों में अचिन्त्य हैं, आप भौतिक प्रकृति के तीनों गुणों के स्वामी हैं और समस्त भौतिक गुणों से परे रहने के कारण आप भौतिक कल्मष से मुक्त हैं। आप प्रकृति के तीनों गुणों के नियन्ता हैं, किन्तु इस समय आप सतोगुण में स्थित हैं। मैं आपको सादर नमस्कार करता हूँ।

श्रीब्रह्मोवाच

अजातजन्मस्थितिसंयमाया—
गुणाय निर्वाणसुखार्णवाय।
अणोरणिम्नेऽपरिगण्यधाम्ने
महानुभावाय नमो नमस्ते॥

यद्यपि आप अजन्मा हैं, किन्तु अवतार के रूप में आपका प्रकट होना तथा अन्तर्धान् होना सर्वदा चलता रहता है। आप सर्वदा भौतिक गुणों से मुक्त रहते हैं और सागर के समान दिव्य आनन्द के आश्रय हैं। अपने दिव्य स्वरूप में नित्य रहते हुए आप अत्यन्त सूक्ष्म से भी सूक्ष्म हैं। अतएव हम आपको जिनका अस्तित्व अचिन्त्य है, सादर नमस्कार करते हैं।

श्रीप्रजापतय ऊचुः

त्वमेकः सर्वजगत ईश्वरो बन्धमोक्षयोः।
तं त्वामर्चन्ति कुशलाः प्रपन्नार्तिहरं गुरुम्॥

हे भगवान्! आप समस्त विश्व के बन्धन तथा कारण हैं क्योंकि आप इसके शासक हैं। जो लोग आध्यात्मिक चेतना में बढ़े-चढ़े हैं, वे आपकी शरण में जाते हैं, अतएव आप उनके कष्टों को दूर करने वाले हैं और आप उनकी मुक्ति के कारण हैं। अतएव हम आपकी पूजा करते हैं।

गुणमय्या स्वशक्त्यास्य सर्गस्थित्यप्ययान्विभो।
धत्से यदा स्वदृग्भूमन्ब्रह्मविष्णुशिवाभिधाम्॥

हे भगवान्! आप आत्म-प्रकाशित तथा सर्वश्रेष्ठ हैं। आप अपनी निजी शक्ति से इस भौतिक जगत का सृजन करते हैं और जब आप सृष्टि, पालन तथा संहार का कार्य सम्पन्न करते हैं, तो ब्रह्मा, विष्णु अथवा शिव के नाम अपना कर लेते हैं।

त्वं ब्रह्म परमं गुह्यं सदसद्भावभावनम्।
नानाशक्तिभिराभातस्त्वमात्मा जगदीश्वरः॥

आप समस्त कारणों के कारण, स्वयं-प्रकाशित, अचिन्त्य, निराकार ब्रह्म हैं, जो मूलतः परब्रह्म हैं। आप इस दृश्य जगत में विभिन्न शक्तियों को प्रकट करते हैं।

त्वं शब्दयोनिर्जगदादिरात्मा
प्राणेन्द्रियद्रव्यगुणः स्वभावः।
कालः क्रतुः सत्यमृतं च धर्म—
स्त्वय्यक्षरं यत्त्रिवृदामनन्ति॥

हे स्वामी! आप वैदिक ज्ञान के मूल स्त्रोत हैं। आप भौतिक सृष्टि, प्राण, इन्द्रियों, पाँच तत्त्वों, तीन गुणों तथा महत् तत्त्व के मूल कारण हैं। आप नित्य काल, संकल्प तथा सत्य और ऋत कही जाने वाली दो धार्मिक प्रणालियाँ हैं। आप तीन अक्षरों—अ, उ तथा म् वाले ॐ शब्द के आश्रय हैं।

मुखानि पञ्चोपनिषदस्तवेश
यैस्त्रिंशदष्टोत्तरमन्त्रवर्गः।
यत्तच्छिवाख्यं परमात्मतत्त्वं
देव स्वयंज्योतिरवस्थितिस्ते॥

हे भगवान्! पाँच महत्त्वपूर्ण वैदिक मन्त्र आपके पाँच मुखों के द्योतक हैं जिनसे अड़तीस महत्त्वपूर्ण वैदिक मन्त्र उत्पन्न हुए हैं। आप शिव नाम से विश्व स्वयं-प्रकाशित हैं। आप परमात्मा नाम से प्रत्यक्ष परम सत्य के रूप में स्थित हैं।

श्रीमहादेव उवाच

देवदेव जगद्व्यापिञ्ज गदीश जगन्मय।
सर्वेषामपि भावानां त्वमात्मा हेतुरीश्वरः॥

हे देवताओं में सर्वश्रेष्ठ देवता! हे सर्वव्यापी भगवान्! हे ब्रह्मांड के स्वामी! आपने अपनी शक्ति से अपने को सृष्टि में रूपान्तरित कर दिया है। आप प्रत्येक वस्तु के मूल एवं सक्षम कारण हैं। आप भौतिक नहीं हैं। निस्सन्देह, आप हर एक की परम सञ्जीवनी शक्ति या परमात्मा हैं। अतएव आप परमेश्वर हैं अर्थात् सभी नियन्त्रकों के परम नियन्त्रक हैं।

अवतारा मया दृष्टा रममाणस्य ते गुणैः ।
सोऽहं तद्द्रष्टुमिच्छामि यत्ते योषिद्वपुर्धृतम् ॥

हे भगवान्! मैंने आपके उन समस्त अवतारों का दर्शन किया हैं जिन्हें आप अपने दिव्य गुणों के द्वारा प्रकट कर चुके हैं। अब जबकि आप एक तरुण स्त्री के रूप में प्रकट हुए हैं, मैं आपके उसी स्वरूप का दर्शन करना चाहता हूँ।

येन सम्मोहिता दैत्याः पायिताश्चामृतं सुराः ।
तद्दिदृक्षव आयाताः परं कौतूहलं हि नः ॥

हे भगवान्! हम लोग यहाँ पर आपके उस स्वरूप का दर्शन करने आये हैं जिसे आपने असुरों मोहित करने के लिए दिखलाया था और इस तरह देवताओं को अमृत पान करने दिया था। मैं उस रूप का दर्शन करने के लिए अत्यन्त उत्सुक हूँ।

श्रीशुक उवाय

असदविषयमधङ्घ भावगम्यं प्रपन्ना—
नमृतममरवर्यानाशयत्सिन्धुमथ्यम्।
कपटयुवतिवेषो मोहयन्यः सुरारीं—
स्तमहमुपसृतानां कामपूरं नतोऽस्मि ॥

एक युवा स्त्री का रूप धारण करके तथा इस तरह असुरों मोहित करके भगवान् ने अपने भक्तों अर्थात् देवताओं को क्षीरसागर के मन्थन से उत्पन्न अमृत बाँट दिया। मैं उन भगवान् को जो अपने भक्तों की इच्छाओं को सदा पूर्ण करते हैं, आपना सादर नमस्कार अर्पित करता हूँ।

श्रीकश्यप उवाच

त्वं देव्यादिवराहेण रसायाः स्थानमिच्छता।
उद्धृतासि नमस्तुभ्यं पाप्मानं मे प्रणाशय ॥

हे माता पृथ्वी, तुम्हारे द्वारा ठहरने के लिए स्थान पाने की इच्छा करने पर

भगवान् ने वराह रूप में तुम्हें ऊपर निकाला था। मैं प्रार्थना करता हूँ कि कृपा करके मेरे पापी जीवन के समस्त फलों को आप विनष्ट कर दें। मैं आपको सादर नमस्कार करता हूँ।

नमस्तुभ्यं भगवते पुरुषाय महीयसे।
सर्वभूतनिवासाय वासुदेवाय साक्षिणे॥

हे भगवान्! हे महानतम! हे सब के हृदय में वास करने वाले तथा जिनमें समस्त प्राणि वास करते हैं, हे हर एक वस्तु के साक्षी! हे सर्वश्रेष्ठ एवं सर्वव्यापी परम पुरुष वासुदेव! मैं उनको सादर नमस्कार करता हूँ।

नमोऽव्यक्ताय सूक्ष्माय प्रधानपुरुषाय च।
चतुर्विंशद्गुणज्ञाय गुणसङ्ख्यानहेतवे॥

हे परम पुरुष! मैं उनको सादर नमस्कार करता हूँ। अत्यन्त सूक्ष्म होने के कारण आप भौतिक आँखों से कभी नहीं दिखते। आप चौबीस तत्त्वों के ज्ञाता हैं और आप सांख्य योगपद्धति के मूल कारण हैं।

नमो द्विशीर्ष्णे त्रिपदे चतुःशृङ्गाय तन्तवे।
सप्तहस्ताय यज्ञाय त्रयीविद्यात्मने नमः॥

हे भगवान्! मैं उनको सादर नमस्कार करता हूँ जिनके दो सिर (प्रायणीय तथा उदानीय), तीन पाँव (सवन–त्रय), चार सींग (चार वेद) तथा सात हाथ (सप्त छन्द यथा गायत्री) हैं। मैं आपको नमस्कार करता हूँ जिनक हृदय तथा आत्मा तीनों वैदिक कांडों (कर्म, ज्ञान तथा उपासना कांड) हैं तथा जो इन कांडों को यज्ञ के रूप में विस्तार देते हैं।

नमः शिवाय रुद्राय नमः शक्तिधराय च।
सर्वविद्याधिपतये भूतानां पतये नमः॥

हे शिवा, हे रुद्रा, मैं समस्त शक्तियों के आगार, समस्त ज्ञान के भण्डार तथा समस्त जीवों के स्वामी आपको सादर नमस्कार करता हूँ।

नमो हिरण्यगर्भाय प्राणाय जगदात्मने।
योगैश्वर्यशरीराय नमस्ते योगहेतवे॥

हिरण्यगर्भ रूप में स्थित, प्रत्येक के जीवन के स्रोत, प्रत्येक जीव के परमात्मा स्वरूप आपको सादर नमस्कार करता हूँ। आपका शरीर समस्त योग के ऐश्वर्य का स्रोत है। मैं आपको सादर नमस्कार करता हूँ।

नमस्त आदिदेवाय साक्षिभूताय ते नमः।
नारायणाय ऋषये नराय हरये नमः॥

मैं भगवान्, प्रत्येक के हृदय में स्थित साक्षी तथा मनुष्य रूप में नर-नारायण ऋषि के अवतार आपको सादर नमस्कार करता हूँ। हे भगवान्! मैं आपको सादर नमस्कार करता हूँ।

नमो मरकतश्यामवपुषेऽधिगतश्रिये।
केशवाय नमस्तुभ्यं नमस्ते पीतवाससे॥

हे पीताम्बरधारी भगवान्! मैं आपको सादर नमस्कार करता हूँ। आपके शरीर का रंग मरकत मणि जैसा है और आप धन-धान्य की देवी लक्ष्मीजी को पूरी तरह वश में रखने वाले हैं, हे भगवान् केशव! मैं आपको सादर नमस्कार करता हूँ।

त्वं सर्ववरदः पुंसां वरेण्य वरदर्षभ।
अतस्ते श्रेयसे धीराः पादरेणुमुपासते॥

हे परम पूज्य भगवान्, हे वरदायकों में सर्वश्रेष्ठ! आप हर एक की इच्छायों को पूरा कर सकते हैं अतएव जो अत्यन्त गम्भीर हैं, वे अपने कल्याण के लिए आपके चरणकमलों की धूल को पूजते हैं।

अन्ववर्तन्त यं देवाः श्रीश्च तत्पादपद्मयोः।
स्पृहयन्त इवामोदं भगवान्मे प्रसीदताम्॥

सभी देवता तथा धन-धान्य की देवी लक्ष्मीजी भी उनके चरणकमलों की सेवा में लगी रहती हैं। दरअसल, वे उन चरणकमलों की सुगन्ध का आदर करते हैं। ऐसे भगवान् मुझ पर प्रसन्न हों।

श्रीअदितिरुवाच

विश्वाय विश्वभवनस्थितिसंयमाय
स्वैरं गृहीतपुरुशक्तिगुणाय भूम्ने।
स्वस्थाय शश्वदुपबृंहितपूर्णबोध—
व्यापादितात्मतमसे हरये नमस्ते॥

हे भगवान्! आप सर्वव्यापी विश्वरूप इस विश्व के परम स्वतन्त्र स्रष्टा, पालक तथा संहारक हैं। यद्यपि आप अपनी शक्ति को पदार्थ में लगाते हैं, तो भी आप सर्वदा अपने आदि रूप में स्थित रहते हैं और कभी उस पद से च्युत नहीं होते क्योंकि आपका ज्ञान अच्युत है और किसी भी स्थिति के लिए सर्वदा उपयुक्त है। आप कभी मोहग्रस्त नहीं होते। हे स्वामी! मैं आपको सादर नमस्कार करता हूँ।

श्रीब्रह्मोवाच

जयोरुगाय भगवन्नुरुक्रम नमोऽस्तु ते।
नमो ब्रह्मण्यदेवाय त्रिगुणाय नमो नमः॥

हे भगवान्! आपकी जय हो। आप सब के द्वारा महिमान्वित हैं और आपके कार्यकलाप अत्यन्त यशस्वी होते हैं। हे योगियों के प्रभु, हे प्रकृति के तीनों गुणों के नियन्ता! मैं आपको सादर नमस्कार करता हूँ। मैं आपको बारम्बार नमस्कार करता हूँ।

नमस्ते पृश्निगर्भाय वेदगर्भाय वेधसे।
त्रिनाभाय त्रिपृष्ठाय शिपिविष्टाय विष्णवे॥

हे सर्वव्यापी भगवान्! मैं आपको सादर नमस्कार करता हूँ क्योंकि आप प्रत्येक जीव के हृदय के भीतर स्थित हैं। तीनों लोक आपकी नाभि के भीतर निवास करते हैं, फिर भी आप इन तीनों लोकों से परे हैं। पहले आप पृश्नि के पुत्र रूप में प्रकट हुए थे। मैं उन परम स्रष्टा को सादर नमस्कार करता हूँ जिन्हें केवल वैदिक ज्ञान के द्वारा ही जाना जा सकता है।

श्रीप्रह्लाद उवाच

यया हि विद्वानपि मुह्यते यत—
स्तत्को विचष्टे गतिमात्मनो यथा।
तस्मै नमस्ते जगदीश्वराय वै
नारायणायाखिललोकसाक्षिणे॥

भौतिक ऐश्वर्य इतना मोहक है कि विद्वान तथा आत्मसंयमी व्यक्ति भी आत्म-साक्षात्कार के लक्ष्य को खोजना भूल जाता है। लेकिन भगवान् नारायण, जो ब्रह्मांड के स्वामी हैं, अपनी इच्छानुसार हर एक वस्तु को देख सकते हैं। अतएव मैं उन्हें सादर प्रणाम करता हूँ।

नेमं विरिञ्चो लभते प्रसादं
न श्रीर्न शर्वः किमुतापरेऽन्ये।
यन्नोऽसुराणामसि दुर्गपालो
विश्वाभिवन्द्यैरभिवन्दिताङ्घ्रि॥

हे भगवान्! आप विश्व पूज्य हैं, यहाँ तक कि ब्रह्माजी तथा शिवजी भी आपके चरणकमलों की पूजा करते हैं। इतने महान् होते हुए भी आपने कृपापूर्वक हम असुरों की रक्षा करने का वचन दिया है। मेरा विचार है कि ब्रह्माजी, शिवजी या

लक्ष्मीजी को भी कभी ऐसी दया प्राप्त नहीं हुई; तो अन्य देवताओं या सामान्य व्यक्तियों की बात ही क्या है!

श्रीशुक उवाय

नमस्ते पुरुषश्रेष्ठ स्थित्युत्पत्त्यप्ययेश्वर।
भक्तानां नः प्रपन्नानां मुख्यो ह्यात्मगतिर्विभो॥

हे भगवान्! हे सृष्टि, पालन तथा संहार के स्वामी! हे समस्त भोक्ताओं में सर्वश्रेष्ठ भगवान् विष्णु! निस्सन्देह, आप हम जैसे शरणागत भक्तों के मार्गदर्शक तथा गन्तव्य हैं। अतएव मैं आपको सादर प्रणाम करता हूँ।

श्रीराजोवाच

अनाद्यविद्योपहतात्मसंविद—
स्तन्मूलसंसारपरिश्रमातुराः।
यदृच्छयोपसृता यमाप्नुयु—
र्विमुक्तिदो नः परमो गुरुर्भवान्॥

भगवान् की कृपा से उन व्यक्तियों को जो अनन्त काल से आत्मज्ञान खो बैठे हैं और इस अविद्या के कारण भौतिक कष्टमय बद्ध जीवन में रह रहे हैं, भगवद्भक्तों से भेंट करने का अवसर मिलता है। मैं उन भगवान् को परम आध्यात्मिक गुरु स्वीकार करता हूँ।

न यत्प्रसादायुतभागलेश—
मन्ये च देवा गुरवो जनाः स्वयम्।
कर्तुं समेताः प्रभवन्ति पुंस—
स्तमीश्वरं त्वां शरणं प्रपद्ये॥

न तो समस्त देवता, न तथाकथित गुरु, न ही अन्य सभी लोग, स्वतन्त्र रूप से अथवा साथ मिलकर, आपकी कृपा के दस हजारवें भाग के बराबर भी कृपा प्रदान कर सकते हैं। अतएव मैं आपके चरणकमलों की शरण लेना चाहता हूँ।

त्वं त्वामहं देववरं वरेण्यं
प्रपद्य ईशं प्रतिबोधनाय।
छिन्ध्यर्थदीपैर्भगवन्वचोभि—
र्ग्रन्थीन्हृदय्यान्विवृणु स्वमोकः॥

हे परमेश्वर! आत्म-साक्षात्कार के लिए मैं आपकी शरण ग्रहण करता हूँ। आप समस्त वस्तुओं के परम नियन्ता के रूप में देवताओं के द्वारा पूजित होते हैं। आप अपने उपदेशों से जीवन के प्रयोजन को प्रकट करते हुए कृपया मेरे हृदय की ग्रन्थि को काट दीजिये और मुझे जीवन का लक्ष्य बतलाइये।

प्रलयपयसि धातुः सुप्तशक्तेर्मुखेभ्यः
श्रुतिगणमपनीतं प्रत्युपादत्त हत्वा।
दितिजमकथयद्यो ब्रह्म सत्यव्रतानां
तमहमखिलहेतुं जिह्यमीनं नतोऽस्मि॥

मैं उन भगवान् को सादर नमस्कार करता हूँ जिन्होंने उस विशाल मछली का रूप धारण करने का बहाना किया जिसने ब्रह्मा के निद्रा से जगने पर उन्हें वैदिक साहित्य वापस लाकर दिया और राजा सत्यव्रत तथा महर्षियों को वैदिक साहित्य का सार कह के समझाया।

श्रीशङ्कर उवाच

अजानता ते परमानुभावं
कृतं मयाघं भवतः प्रियाणाम्।
विधोहि तस्यापचितिं विधात—
र्मुच्येत यन्नाम्न्युदिते नारकोऽपि॥

हे प्रभु, हे परम नियन्ता, मैंने आपकी असीम शक्ति समझे बिना आपके परम प्रिय भक्त के प्रति अपराध किया है। कृपया मुझे इस अपराध के परिणाम से बचा लें। आप हर काम कर सकते हैं क्योंकि यदि कोई व्यक्ति नरक जाने के लायक हो, उसके भी हृदय में अपने पवित्र नाम को जगाकर आप उसका उद्धार कर सकते हैं।

नमः सुनाभाखिलधर्मसेतवे
ह्यधर्मशीलासुरधूमकेतवे।
त्रैलोक्यगोपाय विशुद्धवर्चसे
मनोजवायाद्भुतकर्मणे गृणे॥

हे सुदर्शन, तुम्हारी नाभि अत्यन्त शुभ है, अतएव तुम धर्म की रक्षा करने वाले हो। तुम अधार्मिक असुरों के लिए अशुभ पुच्छल तारे के सदृश हो। निस्सन्देह, तुम्ही तीनों लोकों के पालनकर्ता हो। तुम दिव्य तेज से परीपूर्ण हो, तुम मन के सदृश तीव्रगामी हो और अद्भुत कर्म करने वाले हो। मैं केवल नमः शब्द कहकर तुम्हें सादर नमस्कार करता हूँ।

अंशुमानुवाच

प्रशान्त मायागुणकर्मलिङ्ग—
मनामरूपं सदसद्विमुक्तम्।
ज्ञानोपदेशाय गृहीतदेहं
नमामहे त्वां पुरुषं पुराणम्॥

हे परम शान्तिमय स्वामी, यद्यपि यह प्रकृति, समस्त सकाम कर्म तथा उनके परिणाम स्वरूप भौतिक नाम तथा रूप आपकी सृष्टि हैं, तथापि आप उनसे अप्रभावित रहते हैं। अतएव आपका दिव्य नाम भौतिक नामों से भिन्न है और आपका स्वरूप भौतिक स्वरूपों से पूरी तरह अलग है। आप भगवद्गीता जैसे ज्ञान का हमें उपदेश देने के लिए ही भौतिक शरीर के जैसी समान रूप धारण करते हैं लेकिन वस्तुतः आप परम आदि पुरुष ही रहते हैं। अतएव मैं आपको सादर नमस्कार करता हूँ।

क्षीरं यथा दधि विकारविशेषयोगात्
सञ्जायते न हि ततः पृथगस्ति हेतोः।
यः शम्भुतामपि तथा समुपैति कार्याद्
गोविन्दमादिपुरुषं तमहं भजामि॥

जब दूध में जामन डाला जाता है तो यह दही में बदल जाता है, किन्तु वास्तव में यह दही दूध के अतिरिक्त और कुछ नहीं होता। इसी तरह भगवान् गोविन्द भौतिक व्यवहार के निमित्त शिवजी का रूप धारण करते हैं। मैं भगवान् गोविन्द के चरणकमलों को सादर नमस्कार करता हूँ।

नमो ब्राह्मण्यदेवाय गो ब्राह्मणाहिताय च।
जगद्धिताय कृष्णाय गोविन्दाय नमो नमः॥

मैं परम सत्य भगवान् कृष्ण को सादर नमस्कार करता हूँ जो ब्राह्मणों, गायों तथा समस्त जीवों के शुभचिन्तक हैं। मैं उन गोविन्द को बारम्बार नमस्कार करता हूँ जो समस्त इन्द्रियों के आनन्द के आगार हैं।

विश्वामित्राध्वरे येन मारीचाद्या निशाचराः।
पश्यतो लक्ष्मणस्यैव हता नैर्ऋतपुङ्गवाः॥

अयोध्यानरेश भगवान् रामचन्द्र ने विश्वामित्र द्वारा सम्पन्न किये गए यज्ञ के प्रक्षेत्र में अनेक राक्षसों तथा असभ्य जनों का वध किया जो तमोगुण से प्रभावित होकर रात में विचरण करते थे। ऐसे रामचन्द्र जिन्होंने लक्ष्मण की उपस्थिति में इन राक्षसों का वध किया हमारी रक्षा करने की कृपा करें।

नमो ब्रह्मण्यदेवाय रामायाकुंठमेधसे।
उत्तमश्लोकधुर्याय न्यस्तदंडार्पिताङ्घ्रये॥

हे प्रभु, आप भगवान् हैं और आपने ब्राह्मणों को अपना आराध्य देव स्वीकार किया है। आपका ज्ञान तथा स्मृति उद्विग्नता से कभी विचलित नहीं होता। आप इस संसार के समस्त विख्यात पुरुषों में प्रधान हैं और आपके चरणों की पूजा मुनियों द्वारा की जाती है जो दंड के क्षेत्र से परे हैं। हे भगवान् रामचन्द्र हम आपको सादर नमस्कार करते हैं।

न धनं न जनं न सुन्दरीं कवितां वा जगदीश कामये।
मम जन्मनि जन्मनीश्वरे भवताद् भक्तिरहैतुकी त्वयि॥

हे ब्रह्मांड के स्वामी! मैं न तो धन चाहता हूँ, न अनुयायी, न सुन्दर पत्नी, न लच्छेदार भाषा में वर्णन किये हुए सकाम कर्म। मेरी यही इच्छा है कि जन्म-जन्मांतर आपकी अहैतुकी भक्ति करता रहूँ।

नमस्तुभ्यं भगवते वासुदेवाय वेधसे।
सर्वभूताधिवासाय शान्ताय बृहते नमः॥

हे भगवान् वासुदेव, हे पूर्ण पुरुषोत्तम परमेश्वर, आप समस्त विराट जगत के स्रष्टा हैं। आप प्रत्येक जीव के हृदय में परमात्मा रूप में निवास करते हैं और सूक्ष्मतम से सूक्ष्मतर होते हुए भी बृहत्तम से बृहत्तर हैं तथा सर्वव्यापक हैं। आप परम शान्त लगते हैं मानो आपको कुछ नहीं करना-धरना लेकिन सर्वव्यापक स्वभाव एवं सर्व ऐश्वर्य से पूर्ण होने के कारण हैं। अतएव मैं आपको सादर नमस्कार करती हूँ।

रामादिमूर्तिषु कलानियमेन तिष्ठन्
नानावतारमकरोद् भुवनेषु किन्तु।
कृष्णः स्वयं समभवत् परमः पुमान् यो
गोविन्दमादिपुरुषं तमहं भजामि॥

मैं उन आदि भगवान् गोविन्द की पूजा करता हूँ, जो राम, नृसिंह अवतारों तथा अन्य उप-अवतारों के रूप में सर्वदा स्थित रहते हैं किन्तु जो आदि भगवान् हैं और कृष्ण कहलाते हैं और जो स्वयं भी अवतरित होते हैं।

सत्यव्रतं सत्यपरं त्रिसत्यं
सत्यस्य योनिं निहितं च सत्ये।
सत्यस्य सत्यमृतसत्यनेत्रं
सत्यात्मकं त्वां शरणं प्रपन्नाः॥

हे भगवान्, आप अपने व्रत से कभी भी विचलित नहीं होते जो सदा ही पूर्ण रहता है क्योंकि आप जो भी निर्णय लेते हैं वह पूरी तरह सही होता है और किसी के द्वारा रोका नहीं जा सकता। सृजन, पालन तथा संहार-जगत की इन तीन अवस्थाओं में वर्तमान रहने से आप परम सत्य हैं। कोई तब तक आपकी कृपा का भाजन नहीं बन सकता जब तक वह पूरी तरह आज्ञाकारी न हो, इसलिए इसे दिखावटी लोग प्राप्त नहीं कर सकते। आप सृष्टि के समस्त अवयवों में परम सत्य हैं इसलिए आप अन्तर्यामी कहलाते हैं। आप सबों पर समभाव रखते हैं और आपके आदेश प्रत्येक काल में हर एक पर लागू होते हैं। आप आदि सत्य हैं इसलिए हम नमस्कार करते हैं और आपकी शरण में आए हैं। आप हमारी रक्षा करें।

वेणुं क्वणन्तमरविन्ददलायताक्षं
बर्हावतंसमसिताम्बुदसुन्दरांगम्॥
कन्दर्पकोटिकमनीयविशेषशोभं
गोविन्दमादिपुरुषं तमहं भजामि॥

मैं उन आदि भगवान् गोविन्द की पूजा करता हूँ, जो दिव्य बाँसुरी का वादन करते हैं। उनके नेत्र कमलपुष्पों के सदृश हैं। वे मोरपंखों से सुशोभित हैं और उनका वर्ण स्वच्छ श्यामल बादलों के सदृश है। उनका यह स्वरूप करोड़ों कामदेवों को लजाने वाला है।

श्रीशुक उवाय

मत्स्याश्वककच्छपनृसिंहवराहहंस—
राजन्यविप्रविबुधेषु कृतावतारः।
त्वं पासि नस्त्रिभुवनं च यथाधुनेश
भारं भुवो हर यदूत्तम वन्दनं ते॥

हे परम नियन्ता, आप इसके पूर्व अपनी कृपा से समस्त विश्व की रक्षा हेतु मत्स्य, अश्व, कच्छप, नृसिंहदेव, वराह, हंस, भगवान् रामचन्द्र, परशुराम तथा देवताओं में से वामन के रूप में अवतरित हुए हैं। अब आप इस संसार का उत्पातों कम करके अपनी कृपा से फिर से हमारी रक्षा करें। हे यदुश्रेष्ठ कृष्ण, हम आपको सादर नमस्कार करते हैं।

श्रीदेवक्युवाच

योऽयं कालस्तस्य तेऽव्यक्तबन्धो
चेष्टामाहुश्चेष्टते येन विश्वम्।

निमेषादिर्वत्सरान्तो महीयां—
स्तं त्वेशानं क्षेमधाम प्रपद्ये॥

हे भौतिक शक्ति के प्रारम्भकर्ता, यह अद्‌भुत सृष्टि शक्तिशाली काल के नियन्त्रण में कार्य करती है, जो सेकंड, मिनट, घंटा तथा वर्षों में विभाजित है। यह काल तत्व, जो लाखों वर्षों तक फैला हुआ है, भगवान् विष्णु का ही अन्य रूप है। आप अपनी लीलाओं के लिए काल के नियन्त्रक की भूमिका अदा करते हैं, किन्तु आप समस्त सौभाग्य के आगार हैं। मैं पूर्णत: आपकी शरणागत हूँ।

श्रीशुक उवाय

अथो यथावन्न वितर्कगोचरं
चेतोमन:कर्मवचोभिरञ्ज सा।
यदाश्रयं येन यत: प्रतीयते
सुदुर्विभाव्यं प्रणतास्मि तत्पदम्॥

अतएव मैं उन भगवान् की शरण ग्रहण करती हूँ और उन्हें नमस्कार करती हूँ जो मनुष्य की कल्पना, मन, कर्म, विचार तथा तर्क से परे हैं, जो इस विराट जगत के आदि-कारण हैं, जिनसे यह सम्पूर्ण ब्रह्मांड पालित है और जिनसे हम इस विराट जगत के अस्तित्व का अनुभव करते हैं। मैं उन्हें सादर नमस्कार ही कर सकती हूँ क्योंकि वे मेरे चिन्तन, अनुमान तथा ध्यान से परे हैं। वे मेरे समस्त भौतिक कर्मों से भी परे हैं।

कृष्ण कृष्ण महायोगिंस्त्वमाद्य: पुरुष: पर:।
व्यक्ताव्यक्तमिदं विश्वं रूपं ते ब्राह्मणा विदु:॥

हे कृष्ण, हे कृष्ण, आपकी योगशक्ति अचिन्त्य है। आप सर्वोच्च आदि-पुरुष हैं, आप समस्त कारणों के कारण हैं, आप पास रह कर भी दूर हैं और आप इस भौतिक सृष्टि से भी परे हैं। विद्वान् ब्राह्मण जानते हैं (सर्वं खल्विदं ब्रह्म—इस वैदिक कथन के आधार पर) कि आप सर्वेसर्वा हैं यह विराट जगत अपने स्थूल तथा सूक्ष्म रूपों में आपका ही स्वरूप हैं।

त्वमेक: सर्वभूतानां देहास्वात्मेन्दियेश्वर:।
त्वमेव कालो भगवान्विष्णुरव्यय ईश्वर:॥
त्वं महान्प्रकृति: सूक्ष्मा रज:सत्त्वतमोमयी।
त्वमेव पुरुषोऽध्यक्ष: सर्वक्षेत्रविकारवित्॥

आप प्रत्येक वस्तु के परम नियन्ता भगवान् हैं। आप ही प्रत्येक जीव का

शरीर, प्राण, अहंकार तथा इन्द्रियाँ हैं। आप परम पुरुष, अक्षय नियन्ता विष्णु हैं। आप काल, तात्कालिक कारण और तीन गुणों—सतो, रजो तथा तमो गुणों—वाली भौतिक प्रकृति हैं। आप इस भौतिक जगत के आदि कारण हैं।। आप परमात्मा हैं। अतएव आप प्रत्येक जीव के हृदय की बात को जानने वाले हैं।

तस्मै तुभ्यं भगवते वासुदेवाय वेधसे।
आत्मद्योतगुणैश्छन्नमहिम्ने ब्रह्मणे नमः॥

अपनी ही शक्ति से आच्छादित महिमा वाले हे प्रभु, आप भगवान् हैं। आप सृष्टि के उद्गम, संकर्षण हैं तथा चतुर्व्यूह के उद्गम, वासुदेव हैं। आप सर्वस्व होने से परब्रह्म हैं। अतएव हम आपको सादर नमस्कार करते हैं।

नमः परमकल्याण नमः परममङ्गल।
वासुदेवाय शान्ताय यदूनां पतये नमः॥

हे परम कल्याण, हम आपको सादर नमस्कार करते हैं क्योंकि आप परम शुभ हैं। हे यदुवंश के प्रसिद्ध वंशज तथा नियन्ता, हे वसुदेव-पुत्र, हे परम शान्त, हम आपके चरणकमलों में सादर नमस्कार करते हैं।

वाणी गुणानुकथने श्रवणौ कथायां
हस्तौ च कर्मसु मनस्तव पादयोर्नः।
स्मृत्यां शिरस्तव निवासजगत्प्रणामे
दृष्टिः सतां दर्शनेऽस्तु भवत्तनूनाम्।

अब से हमारे समस्त शब्द आपकी लीलाओं का वर्णन करें, हमारे कान आपकी महिमा का श्रवण करें, हमारे हाथ, पाँव तथा अन्य इन्द्रियाँ आपको प्रसन्न करने के कार्यों में लगें तथा हमारे मन सर्वदा आपके चरणकमलों का चिन्तन करें। हमारे सिर इस संसार की प्रत्येक वस्तु को नमस्कार करें क्योंकि समस्त वस्तुएँ आपके ही भिन्न-भिन्न रूप हैं और हमारी आँखें आपसे अभिन्न वैष्णवों के रूपों का दर्शन करें।

श्रुतिमपरे स्मृतिमितरे
भारतमन्ये भजन्तु भवभीतः।
अहमिह नन्दं वन्दे
यस्यालिन्दे परं ब्रह्म॥

भौतिक संसार से डर कर कोई भले ही वेदों, स्तुतियों तथा महाभारत का अध्ययन करे किन्तु मैं तो उन नन्द महाराज की पूजा करूँगा जिनके आँगन में परब्रह्म रेंग रहे हैं। नन्द महाराज इतने महान् हैं कि उनके आँगन में परब्रह्म रेंग रहे हैं अतएव

मैं उनकी पूजा करूँगा।

श्रीब्रह्मोवाच

नौमीडय तेऽभ्रवपुषे तडिदम्बराय
गुञ्जावतंसपरिपिच्छलसन्मुखाय।
वन्यस्रजे कवलवेत्रविषाणवेणु—
लक्ष्मश्रिये मृदुपदे पशुपाङ्गजाय॥

हे प्रभु, आप ही एकमात्र पूज्य भगवान् हैं अतएव आपको प्रसन्न करने के लिए आपको सादर नमस्कार करता हूँ और आपकी स्तुति करता हूँ। हे ग्वालनरेश पुत्र, आपका दिव्य शरीर बादलों के तरह गहरा नीला है; आपके वस्त्र बिजली के सदृश देदीप्यमान हैं और गुञ्जा के बने आपके कुण्डलों से तथा सिर पर लगे मोरपंख से आपके मुखमंडल का शोभा बढ़ जाता है। अनेक वन-फूलों और पत्तियों की माला पहने तथा चराने की छड़ी, भैंस के सींग से बना बिगुल तथा दिव्य बाँसुरी से सज्जित आप अपने हाथ में भोजन का कौर लिए हुए आपके मुलायम पाँव के द्वारा सुन्दर रीति से खड़ हुए हैं।

तत्तेऽनुकम्पां सुसमीक्षमाणो
भुञ्जान एवात्मकृतं विपाकम्।
हृद्वाग्वपुर्भिर्विदधन्नमस्ते
जीवेत यो मुक्तिपदे स दायभाक्॥

हे प्रभु, जो मनुष्य अपने द्वारा किया गया दुष्कर्मों के फलों को धैर्यपूर्वक सहन करते हुए तथा अपने मन, वाणी और शरीर से आपको नमस्कार करते हुए सत्यनिष्ठा से आपकी अहैतुकी कृपा प्रदान किये जाने की प्रतीक्षा करता है, वह निश्चिय ही मोक्ष का भागी होता है क्योंकि यह उसका अधिकार बन जाता है।

अतः क्षमस्वाच्युत मे रजोभुवो
ह्यजानतस्त्वत्पृथगीशमानिनः।
अजावलेपान्धतमोऽन्धचक्षुष
एषोऽनुकम्प्यो मयि नाथवानिति॥

अतएव हे अच्युत भगवान्, मेरे अपराधों को क्षमा कर दें। मैं रजोगुण से उत्पन्न हुआ हूँ तथा स्वयं को आपसे पृथक् नियन्ता मानने के कारण मैं निरा मूर्ख हूँ। अज्ञान रूपी अंधकार से मेरी आँखें अंधी हो चुकी हैं जिसके कारण मैं अपने को ब्रह्मांड का अजन्मा स्रष्टा समझ रहा हूँ। किन्तु आप मुझे अपना सेवक मानें और

अपनी दया का पात्र बना लें।

एकस्त्वमात्मा पुरुषः पुराणः
सत्यः स्वयंज्योतिरनन्त आद्यः।
नित्योऽक्षरोऽजस्त्रसुखो निरञ्ज नः
पूर्णाद्वयो मुक्त उपाधितोऽमृतः॥

आप ही परमात्मा, आदि पूर्ण पुरुषोत्तम भगवान्, परम सत्य, स्वयंप्रकट, अनन्त तथा अनादि हैं। आप शाश्वत तथा अच्युत, पूर्ण, अद्वितीय तथा सारी भौतिक उपाधियों से मुक्त हैं। न तो आपके सुख को रोका जा सकता है, न ही आपका भौतिक कल्मष से कोई नाता है। आप विनाशरहित तथा अमृत हैं।

तदस्तु मे नाथ स भूरिभागो
भवेऽत्र वान्यत्र तु वा तिरश्चाम्।
येनाहमेकोऽपि भवज्जनानां
भूत्वा निषेवे तव पादपल्लवम्॥

इसलिए हे प्रभु, मेरी प्रार्थना है कि मैं इतना भाग्यशाली बन सकूँ कि इसी जीवन में ब्रह्मा के रूप में या दूसरे जीवन में जहाँ कहीं भी जन्म लूँ, मेरी गणना आपके भक्तों में हो। मैं प्रार्थना करता हूँ कि चाहे पशु योनि में ही सही, मैं जहाँ कहीं भी होऊँ, आपके चरणकमलों की भक्ति में लग सकूँ।

अनुजानीहि मां कृष्ण सर्वं त्वं वेत्सि सर्वदृक्।
त्वमेव जगतां नाथो जगदेतत्तवार्पितम्॥

हे कृष्ण, अब मैं आपसे विदा लेने की अनुमति के लिए विनीत भाव से अनुरोध करता हूँ। वास्तव में आप समस्त वस्तुओं के ज्ञाता तथा द्रष्टा हैं। आप समस्त ब्रह्मांडों के स्वामी हैं फिर भी मैं आपको यह एक ब्रह्मांड अर्पित करता हूँ।

श्रीकृष्ण वृष्णिकुलपुष्करजोषदायिन्
क्ष्मानिर्जरद्विजपशूदधिवृद्धिकारिन्।
उद्धर्मशार्वरहर क्षितिराक्षसध्रु—
गाकल्पमार्कमर्हन्भगवन्नमस्ते॥

हे कृष्ण, आप कमल तुल्य वृष्णि कुल को सुख प्रदान करनेवाले हैं और पृथ्वी, देवता, ब्राह्मण तथा गौवों से युक्त महासागर को बढ़ाने वाले हैं। आप अधर्म रूपी गहरे अन्धकार को दूर करते हैं और इस पृथ्वी में प्रकट हुए राक्षसों का विरोध करते हैं। हे भगवन्, जब तक यह ब्रह्मांड बना रहेगा और जब तक सूर्य चमकेगा मैं आपको सादर नमस्कार करता रहूँगा।

नागपत्न्य ऊचुः

नमस्तुभ्यं भगवते पुरुषाय महात्मने।
भूतावासाय भूताय पराय परमात्मने॥

हे भगवान्, हम आपको सादर नमस्कार करती हैं। यद्यपि आप समस्त जीवों के हृदयों में परमात्मा रूप में स्थित हैं, तो भी आप सर्वव्यापी हैं। यद्यपि आप समस्त उत्पन्न भौतिक तत्त्वों के मूल आश्रय हैं किन्तु आप उनके सृजन के पूर्व से विद्यमान हैं। यद्यपि आप प्रत्येक वस्तु के कारणस्वरूप हैं किन्तु परमात्मा होने से आप भौतिक कार्य-कारण से परे हैं।

ज्ञानविज्ञाननीधये ब्रह्मणेऽनन्तशक्तये।
अगुणायाविकाराय नमस्ते प्राकृताय य॥

हे परम सत्य, हम आपको सादर नमस्कार करती हैं। आप समस्त दिव्य चेतना एवं शक्ति के आगार हैं और अनन्त शक्तियों के स्वामी हैं। यद्यपि आप भौतिक गुणों एवं विकारों से पूरी तरह से मुक्त हैं किन्तु आप भौतिक प्रकृति के मूल संचालक हैं।

कालाय कालनाभाय कालावयवसाक्षिणे।
विश्वाय तदुपद्रष्ट्रे तत्कर्त्रे विश्वहेतवे॥

हम आपको सादर नमस्कार करती हैं। आप साक्षात् काल, काल के आश्रय तथा काल की भिन्न भिन्न अवस्थाओं के साक्षी हैं। आप ब्राह्मण और इसके पृथक् द्रष्टा भी हैं। आप इसके स्रष्टा भी हैं और इसके समस्त कारणों के कारण हैं।

भूतमात्रेन्द्रियप्राणमनोबुद्ध्याशयात्मने।
त्रिगुणेनाभिमानेन गूढस्वात्मानुभूतये॥
नमोऽनन्ताय सूक्ष्माय कूटस्थाय विपश्चिते।
नानावादानुरोधाय वाच्यवाचकशक्तये॥

आप भौतिक तत्त्वों के, अनुभूति के सूक्ष्म आधार के, इन्द्रियों के, प्राणवायु के तथा मन, बुद्धि एवं चेतना के परमात्मा हैं। हम आपको सादर नमस्कार करती हैं। आपकी ही व्यवस्था के फलस्वरूप सूक्ष्मतम चिन्मय आत्माएँ प्रकृति के तीनों गुणों के रूप में अपनी झूठी पहचान बनाती हैं। फलस्वरूप उनकी खूद की अनुभूति प्रच्छन्न हो जाती है। हे अनन्त भगवान्, हे परम सूक्ष्म एवं सर्वज्ञ भगवान्, हम आपको प्रणाम करती हैं, जो सर्वदा स्थायी दिव्यता में विद्यमान रहते हैं, विभिन्न वादों के विरोधी विचारों को स्वीकृति देते हैं और व्यक्त विचारों तथा उनको व्यक्त करनेवाले शब्दों को प्रोत्साहन देने वाली शक्ति हैं।

नमः प्रमाणमूलाय कवये शास्त्रयोनये।
प्रवृत्ताय निवृत्ताय निगमाय नमो नमः॥

समस्त प्रमाणों के आधार, शास्त्रों के प्रणेता तथा परम स्रोत, इन्द्रिय तृप्ति को प्रोत्साहित करने वाले तथा भौतिक जगत से विराग उत्पन्न करनेवाले वैदिक साहित्य में अपने को प्रकट करनेवाले हम आपको सादर नमस्कार करती हैं।

नमः कृष्णाय रामाय वसुदेवसुताय च।
प्रद्युम्नायानिरुद्धाय सात्वतां पतये नमः॥

हम वसुदेव के पुत्र, भगवान् कृष्ण तथा भगवान् राम को और भगवान् प्रद्युम्न तथा भगवान् अनिरुद्ध को सादर नमस्कार करती हैं। हम विष्णु के समस्त सन्त सदृश भक्तों के स्वामी को सादर नमस्कार करती हैं।

गुणप्रदीपाय गुणात्मच्छादनाय च।
गुणवृत्त्युपलक्ष्याय गुणद्रष्ट्रे स्वसंविदे॥

विभिन्न प्रकार के भौतिक तथा आध्यात्मिक गुणों को प्रकट करनेवाले, हे भगवान्, आपको हमारा नमस्कार। आप अपने को भौतिक गुणों से छिपा लेते हैं किन्तु अन्ततः उन्हीं भौतिक गुणों के अन्तर्गत हो रहे कार्य आपके अस्तित्व को प्रकट कर देते हैं। आप साक्षी रूप में भौतिक गुणों से पृथक् रहते हैं और केवल भक्तों द्वारा भलीभाँति ज्ञेय हैं।

अव्याकृतविहाराय सर्वव्याकृतसिद्धये।
हृषिकेश नमस्तेऽस्तु मुनये मौनशीलिने॥

हे इन्द्रियों के स्वामी, हृषिकेश, हम आपको सादर नमस्कार करती हैं क्योंकि आपकी लीलाएँ अचिन्त्य रूप से महिमामयी हैं। आपके अस्तित्व को समस्त दृश्य जगत के लिए स्रष्टा तथा प्रकाशक की आवश्यकता से समझा जा सकता है। यद्यपि आपके भक्त आपको इस रूप में समझ सकते हैं किन्तु अभक्तों के लिए आप आत्मलीन रह कर मौन बने रहते हैं।

परावरगतिज्ञाय सर्वाध्यक्षाय ते नमः।
अविश्वाय च विश्वाय तद्द्रष्ट्रेऽस्य च हेतवे॥

उत्तम तथा निष्कृष्ट समस्त वस्तुओं के गन्तव्य को जाननेवाले तथा समस्त जगत के अध्यक्ष नियन्ता आपको हमारा नमस्कार। आप इस ब्रह्मांड की सृष्टि से पृथक् हैं फिर भी आप वह मूल आधार हैं जिस पर भौतिक सृष्टि की माया का विकास होता है। आप इस माया के साक्षी भी हैं। निस्सन्देह आप अखिल जगत के

मूल कारण हैं।

त्वं ह्यस्य जन्मस्थितिसंयमान्विभो
गुणैरनीहोऽकृतकालशक्तिधृक्।
तत्तत्स्वभावान्प्रतिबोधयन्सतः
समीक्षयामोघविहार ईहसे॥

हे सर्वशक्तिमान प्रभु, यद्यपि आपके भौतिक कर्म में फँसने का कोई कारण नहीं है, फिर भी आप इस ब्रह्मांड के सृजन, पालन तथा संहार की व्यवस्था करने के लिए अपनी शाश्वत कालशक्ति के माध्यम से कर्म करते हैं। इसे आप सृजन के पूर्व सुप्त पड़े प्रकृति के प्रत्येक गुण के विशिष्ट कार्य को जाग्रत करते हुए सम्पन्न करते हैं। ब्रह्मांड-नियन्त्रण के इन सभी कार्यों को आप खेल खेल में केवल अपनी चितवन से पूर्णतया सम्पन्न कर देते हैं।

अपराधः सकृद्भर्त्रा सोढव्यः स्वप्रजाकृतः।
क्षन्तुमर्हसि शान्तात्मन्मूढस्य त्वामजानतः॥

स्वामी को चाहिए कि अपनी सन्तान या प्रजा द्वारा किये गये अपराध को कम से कम एक बार तो सहन करें। अतः हे परम शान्त आत्मन्, आप हमारे इस मूर्ख पति को क्षमा कर दें जो यह नहीं समझ पाया कि आप कौन हैं।

विधेहि ते किङ्करीणामनुष्ठेयं तवाज्ञया।
यच्छ्रद्धयानुतिष्ठन्वै मुच्यते सर्वतो भयात्॥

अब कृपा करके अपनी दासियों को बतलायें कि हम क्या करें। यह निश्चित है कि जो भी आपकी आज्ञा को श्रद्धापूर्वक पूरा करता है, वह स्वतः सारे भय से मुक्त हो जाता है।

इन्द्र उवाच

तवावतारोऽयमधोक्षजेह
भुवो भराणामुरुभारजन्मनाम्।
चमूपतीनामभवाय देव
भवाय युष्मच्चरणानुवर्तिनाम्॥

हे दिव्य प्रभु, आप इस जगत में उन सेनापतियों को विनष्ट करने के लिए अवतरित होते हैं, जो पृथ्वी का भार बढ़ाते हैं और अनेक भीषण उत्पात मचाते हैं। हे प्रभु, उसी के साथ साथ आप उन लोगों के कल्याण के लिए कर्म करते हैं, जो

श्रद्धापूर्वक आपके चरणकमलों की सेवा करते हैं।

नमस्तुभ्यं भगवते पुरुषाय महात्मने।
वासुदेवाय कृष्णाय सात्वतां पतये नमः॥

सर्वव्यापी तथा सबों के हृदयों में निवास करने वाले हे परमात्मा, आपको मेरा नमस्कार। हे यदुकुलश्रेष्ठ कृष्ण, आपको मेरा नमस्कार।

स्वच्छन्दोपात्तदेहाय विशुद्धज्ञानमूर्तये।
सर्वस्मै सर्वबीजाय सर्वभूतात्मने नमः॥

अपने भक्तों की इच्छा के अनुसार दिव्य शरीर धारण करने वाले, शुद्ध चेतना रूप, सर्वस्व, समस्त वस्तुओं के बीज तथा समस्त जीवों के आत्मा रूप आपको मैं नमस्कार करता हूँ।

सुरभिरुवाच

कृष्ण कृष्ण महायोगिन्विश्वात्मन्विश्वसम्भव।
भवता लोकनाथेन सनाथा वयमच्युत॥

हे कृष्ण, हे कृष्ण, हे योगियों में श्रेष्ठ, हे विश्व की आत्मा तथा उद्‌गम, आप विश्व के स्वामी हैं और हे अच्युत, आपकी ही कृपा से हम सबों को आप जैसा स्वामी प्राप्त हुआ है।

नमस्तुभ्यं भगवते ब्रह्मणे परमात्मने।
न यत्र श्रूयते माया लोकसृष्टिविकल्पना॥

हे पूर्ण पुरुषोत्तम भगवान्, परम सत्य परमात्मा, मैं आपको नमस्कार करता हूँ; आपके भीतर इस सृष्टि को अपने अनुरूप बनाने वाली माया-शक्ति का लेशमात्र भी नहीं है।

पतित्वेन श्रियोपास्यो ब्रह्मणा मे पितेति च।
पितामहतयान्येषां त्रिदशानां जनार्दनः॥

लक्ष्मीजी भगवान् जनार्दन को अपने पति के रूप में पूजती हैं, ब्रह्माजी उन्हें अपने पिता के रूप में पूजते हैं और अन्य देवता उन्हें अपने पितामह के रूप में पूजते हैं।

श्रीर्यत्पदाम्बुजरजश्चकमे तुलस्या
लब्ध्वापि वक्षसि पदं किल भृत्यजुष्टम्।
यस्याः स्ववीक्षण उतान्यसुरप्रयासस्
तद्वद्वयं च तव पादरजः प्रपन्नाः॥

जिन लक्ष्मीजी की कृपा-कटाक्ष के लिए देवतागण महान् प्रयास करते रहते हैं उन्हें भगवान् नारायण के वक्षस्थल पर सर्वदा विराजमान रहने का अनुपम स्थान प्राप्त है। फिर भी वे उनके चरणकमलों की धूल पाने के लिए इच्छुक रहती हैं, यद्यपि उन्हें इस धूल में तुलसीदेवी तथा भगवान् के अन्य बहुत से सेवकों को भी हिस्सा देना पड़ता है। इसी तरह हम भी शरण लेने के लिए आपके चरणकमलों की धूलि लेने आई हैं।

गोप्य ऊचुः

जयति तेऽधिकं जन्मना व्रजः
श्रयत इन्दिरा शश्वदत्र हि।
दयित दृश्यतां दिक्षु तावका—
स्त्वयि धृतासवस्त्वां विचिन्वते॥

हे प्रियतम, ब्रजभूमि में तुम्हारा जन्म होने से ही यह भूमि अत्यधिक महिमावान हो उठी है और इसीलिए लक्ष्मी यहाँ सर्वदा निवास करती हैं। एकमात्र तुम्हारे लिए ही तुम्हारी भक्त दासियाँ हम अपना जीवन पाल रही हैं। हम तुम्हें सर्वत्र ढूँढ़ती रही हैं इसीलिए कृपा करके हमें अपना दर्शन दीजिये।

शरदुदाशये साधुजातसत्—
सरसिजोदरश्रीमुषा दृशा।
सुरतनाथ तेऽशुल्कदासिका
वरद निघ्नतो नेह किं वधः॥

हे प्रेम के स्वामी, आपकी चितवन शरदकालीन जलाशय के भीतर सुन्दरतम सुनिर्मित कमल के कोश की सुन्दरता को मात देने वाली है। हे वर-दाता, आप उन दासियों का वध कर रहे हैं जिन्होंने बिना मोल ही अपने को आपको पूरी तरह से समर्पित कर दिया है। क्या यह वध नहीं है?

विरचिताभयं वृष्णिधूर्य ते
चरणमीयुषां संसृतेर्भयात्।
करसरोरुहं कान्त कामदं
शिरसि धेहि नः श्रीकरग्रहम्॥

हे वृष्णिश्रेष्ठ, लक्ष्मीजी के हाथ का थामने वाला आपका कमल सदृश हाथ उन लोगों को अभय दान देता है, जो भवसागर के भय से आपके चरणों के निकट पहुँचते हैं। हे प्रियतम, उसी कामना को पूर्ण करने वाला करकमल को हमारे सिरों के ऊपर रखें।

व्रजजनार्तिहन्वीर योषितां
निजजनस्मयध्वंसनस्मित।
भज सखे भवत्किङ्करीः स्म नो
जलरुहाननं चारु दर्शय॥

हे व्रज के लोगों के कष्टों को नष्ट करने वाले, सारे स्त्रियों के वीर, आपकी हँसी आपके भक्तों के मिथ्या अभिमान को चूर चूर करती है। हे मित्र, आप हमें अपनी दासियों के रूप में ग्रहण करें तथा हमें अपने सुन्दर कमल सदृश्य मुख का दर्शन दें।

प्रणतदेहिनां पापकर्षणं
तृणचरानुगं श्रीनिकेतनम्।
फणिफणार्पितं ते पदाम्बुजं
कृणु कुचेषु नः कृन्धि हृच्छयम्॥

आपके चरणकमल आपके शरणागत सभी देहधारियों के विगत पापों को नष्ट करने वाले हैं। वे ही चरण गौवों के पीछे-पीछे चरागाहों में चलते हैं और लक्ष्मीजी के दिव्य धाम हैं। चूँकि आपने एक बार उन चरणों को महासर्प कालिया के फनों पर रखा था इसीलिए अब आप उन्हें हमारे स्तनों पर रखें और हमारे हृदय की कामवासना को छिन्न-भिन्न कर दें।

मधुरया गिरा वल्गुवाक्यया
बुधमनोज्ञया पुष्करेक्षण।
विधिकरीरिमा वीर मुह्यती—
रधरसीधुनाप्याययस्व नः॥

हे कमलनेत्र, आपकी मधुर वाणी तथा मोहक शब्द, जो कि बुद्धिमान के मन को आकर्षित करने वाले हैं, हम सबों को अधिकाधिक मोह रहे हैं। हमारे प्रिय वीर, आप अपने होंठो के अमृत से अपनी दासियों को पुनरुज्जीवित कर दीजिये।

प्रणतकामदं पद्मजार्चितं
धरणिमण्डनं ध्येयमापदि।
चरणपङ्कजं शन्तमं च ते
रमण नः स्तनेष्वर्पयाधिहन्॥

ब्रह्माजी के द्वारा पूजित आपके चरणकमल उन सबों की इच्छाओं को पूरा करते हैं, जो उनमें नतमस्तक होते हैं। वे पृथ्वी के आभूषण हैं, वे सर्वोच्च सन्तोष के देने वाले हैं और संकट के समय चिन्तन के लिए सर्वथा उपयुक्त हैं। हे प्रियतम, हे चिन्ता के विनाशक, आप उन चरणों को हमारे स्तनों पर रखें।

पतिसुतान्वयभ्रातृबान्धवा—
नतिविलङ्घय तेऽन्त्यच्युतागताः।
गतिविदस्तवोद्गीतमोहिताः
कितव योषितः कस्त्यजेन्निशि॥

हे अच्युत, आप भलीभाँति जानते हैं कि हम क्यों आई हैं। आप जैसे छलिये के अतिरिक्त के अतिरिक्त भला और कौन होगा, जो अर्धरात्रि में उसकी बाँसुरी के तेज संगीत से मोहित होकर उसे देखने के लिए आई तरुणी स्त्रियों का परित्याग करेगा आपके दर्शनों के लिए ही हमने अपने पतियों, बच्चों, बड़े-बूढ़ों, भाइयों तथा अन्य रिश्तेदारों को पूरी तरह ठुकरा दिया है।

व्रजवनौकसां व्यक्तिरङ्ग ते
वृजिनहन्त्र्यलं विश्वमङ्गलम्।
त्यज मनाक्चनस्त्वत्स्पृहात्मनां
स्वजनहृद्रुजां यन्निषूदनम्॥

हे प्रियतम, आपका सर्व मंगलमय प्राकट्य व्रज के जंगलों में निवास करने वालों के कष्ट दूर करता है। हमारे मन आपके सान्निध्य के लिए लालायित हैं। आप हमें थोड़ी-सी वह औषधि दे दें, जो आपके भक्तों के हृदयों के रोग का शमन करती है।

यत्ते सुजातचरणाम्बुरुहं स्तनेषु
भीताः शनैः प्रिय दधीमहि कर्कशेषु।
तेनाटवीमटसि तद्व्यथते न किं स्वित्
कूर्पादिभिर्भ्रमति धीर्भवदायुषां नः॥

हे प्रियतम, आपके चरणकमल इतने कोमल हैं कि हम डरते हुए उन्हें धीरे से अपने स्तनों पर हल्के से ऐसे रखती हैं कि आपके पैरों को चोट पहुँचेगी। हमारा जीवन एकमात्र आप पर टिका हुआ है। इसीलिए हमारे मन इस चिन्ता में मग्न हैं कि कहीं जंगल के मार्ग में घूमते समय आपके कोमल चरणों में कंकड़ों से चोट न लग जाए।

पद्मपुराण

स्त्रिय उरगेन्द्रभोगभुजदंडविषक्तधियो।
वयमपि ते समाः समदृशोंऽघ्रिसरोजसुधाः॥

इन स्त्रियों ने अपने मन को विशाल सर्परूपी भगवान् कृष्ण की बलिष्ठ भुजाओं के ध्यान में लीन कर दिया। हम उन्हीं गोपियों सा बनकर उनके चरणकमलों की सेवा करना चहता हैं।

सर्प उवाच

प्रपन्नोऽस्मि महायोगिन्महापुरुष सत्पते।
अनुजानीहि मां देव सर्वलोकेश्वरेश्वर॥

हे योगेश्वर, हे महापुरुष, हे भक्तों के स्वामी, मैं आपकी शरण ग्रहण करता हूँ। हे परमेश्वर, हे ब्रह्मांड के ईश्वरों के ईश्वर, आप जैसा चाहें मुझे वैसी आज्ञा दें।

श्रीनारद उवाच

कृष्ण कृष्णाप्रमेयात्मन्योगेश जगदीश्वर।
वासुदेवाखिलावास सात्वतां प्रवर प्रभो॥
त्वमात्मा सर्वभूतानामेको ज्योतिरिवैधसाम्।
गूढो गुहाशयः साक्षी महापुरुष ईश्वरः॥

हे कृष्ण, हे कृष्ण, हे अनन्त प्रभु, हे समस्त योगशक्तियों के स्रोत, हे ब्रह्मांड के स्वामी, हे समस्त जीवों के आश्रय तथा यदुश्रेष्ठ वासुदेव, हे प्रभु, आप समस्त जीवों के परमात्मा हैं और हृदय की गुफा में उसी तरह अदृश्य होकर बैठे हुए हैं जिस तरह सुलगती हुई लकड़ी के भीतर अग्नि छिपी रहती है। आप सबों के भीतर साक्षी स्वरूप, परम पुरुष तथा सर्वनियन्ता देव हैं।

त्वामीश्वरं स्वाश्रयमात्ममायया
विनिर्मिताशेषविशेषकल्पनम्।
क्रीडार्थमद्यात्तमनुष्यविग्रहं
नतोऽस्मि धुर्यं यदुवृष्णिसात्वताम्॥

हे आत्म-निर्भर परमनियन्ता, मैं आपको सादर नमस्कार करता हूँ। आपने अपनी शक्ति से इस ब्रह्मांड की असीम विशिष्ट व्यवस्था की रचना की है। अब आप यदुओं, वृष्णियों तथा सात्वतों के बीच महानतम वीर के रूप में प्रकट हुए हैं और आपने मानवीय युद्ध में भाग लेने का निर्णय किया है।

श्रीअक्रूर उवाच

नतोऽस्म्यहं त्वाखिलहेतुहेतुं
नारायणं पूरुषमाद्यमव्ययम्।
यन्नाभिजातादरविन्दकोषाद्
ब्रह्माविरासीद्यत एष लोकः॥

हे समस्त कारणों के कारण, आदि तथा अव्यय महापुरुष नारायण, मैं आपको सादर नमस्कार करता हूँ। आपकी नाभि से उत्पन्न कमल के कोष से ब्रह्मा प्रकट हुए हैं तथा उनसे यह ब्रह्मांड अस्तित्व में आया है।

तुभ्यं नमस्ते त्वविषक्तदृष्टये
सर्वात्मने सर्वधियां च साक्षिणे।
गुणप्रवाहोऽयमविद्यया कृतः
प्रवर्तते देवनृतिर्यगात्मसु॥

मैं आपको सादर नमस्कार करता हूँ, जो समस्त जीवों के परमात्मा रूप होकर निष्पक्ष से हर एक की चेतना के साक्षी हैं। अज्ञान से उत्पन्न आपके भौतिक गुणों का प्रवाह उन समस्त जीवों के बीच प्रबलता के साथ प्रवाहित होता है, जो देवताओं, मनुष्यों तथा पशुओं का रूप धारण करते हैं।

नमः कारणमत्स्याय प्रलयाब्धिचराय च।
हयशीर्ष्णे नमस्तुभ्यं मधुकैटभमृत्यवे॥
अकूपाराय बृहते नमो मन्दरधारिणे।
क्षित्युद्धारविहाराय नमः शूकरमूर्तये॥

मैं सृष्टि के आदि कारण भगवान् मत्स्य अवतार रूप आपको नमस्कार करता हूँ, जो प्रलय के सागर में इधर उधर तैरते रहे। मैं मधु तथा कैटभ के संहारक हयग्रीव को, मन्दराचल को धारण करने वाले विशाल कच्छप अवतार रूप भगवान् कूर्म को तथा पृथ्वी को उठाने में आनन्द का अनुभव करने वाले सूकर अवतार रूप भगवान् वराह आपको नमस्कार करता हूँ।

नमस्तेऽद्भुतसिंहाय साधुलोकभयापह।
वामनाय नमस्तुभ्यं क्रान्तत्रिभुवनाय च॥

अपने सभी साधु तथा सन्त-भक्तों के भय को दूर करने वाले अद्भुत सिंह रूप भगवान् नृसिंह तथा तीनों जगतों को अपने पगों से नापने वाले भगवान् वामन, मैं आपको नमस्कार करता हूँ।

नमो भृगुणां पतये दृप्तक्षत्रवनच्छिदे।
नमस्ते रघुवर्याय रावणान्तकराय च॥

घमंडी राजाओं रूपी जंगल को काट डालने वाले भृगुकुल के स्वामी भगवान् परशुराम तथा राक्षस रावण का अन्त करने वाले रघुकुल श्रेष्ठ भगवान् राम, मैं आपको नमस्कार करता हूँ।

नमस्ते वासुदेवाय नमः सङ्कर्षणाय च।
प्रद्युम्नायनिरुद्धाय सात्वतां पतये नमः॥

सात्वतों के स्वामी आपको नमस्कार है। आपके वासुदेव, संकर्षण, प्रद्युम्न तथा अनिरुद्ध रूपों को नमस्कार है।

नमो बुद्धाय शुद्धाय दैत्यदानवमोहिने।
म्लेच्छप्रायक्षत्रहन्त्रे नमस्ते कल्किरूपिणे॥

आपके शुद्ध रूप भगवान् बुद्ध को नमस्कार है, जो दैत्यों तथा दानवों को मोह लेगा। आपके कल्कि रूप को नमस्कार है, जो राजा बनने वाले मांस-भक्षकों का संहार करने वाला है।

अनित्यानात्मदुःखेषु विपर्ययमतिर्ह्यहम्।
द्वन्द्वारामस्तमोविष्टो न जाने त्वात्मनः प्रियम्॥

इस तरह नश्वर को नित्य, अपने शरीर को आत्मा तथा कष्ट के साधनों को सुख के साधन मानते हुए मैंने भौतिक द्वन्द्वों में आनन्द उठाने का प्रयत्न किया है। इस प्रकार अज्ञान से आवृत होकर मैं यह नहीं पहचान सका कि आप ही मेरे प्रेम के असली लक्ष्य हैं।

सोऽहं तवाङ्घ्र्युपगतोऽस्म्यसतां दुरापं
तच्चाप्यहं भवदनुग्रह ईश मन्ये।
पुंसो भवेद्यर्हि संसरणापवर्ग—
स्त्वय्यब्जनाभ सदुपासनया मतिः स्यात्॥

हे प्रभु, इस तरह पतित हुआ मैं आपके चरणों में शरण लेने आया हूँ, क्योंकि, यद्यपि अशुद्ध लोग के लिए आपके चरणों को प्राप्त करना असम्भव है। मेरा विचार है कि आपकी कृपा से तो यह सम्भव हो सका है। हे कमल-नाभ भगवान्, जब किसी का भौतिक जीवन समाप्त हो जाता है तभी वह आपके शुद्ध भक्तों की सेवा करके आपके प्रति चेतना उत्पन्न कर सकता है।

नमो विज्ञानमात्राय सर्वप्रत्ययहेतवे।
पुरुषेशप्रधानाय ब्रह्मणेऽनन्तशक्तये॥

असीम शक्तियों के स्वामी परब्रह्म को नमस्कार है। वे शुद्ध दिव्य ज्ञान स्वरूप हैं, समस्त चेतनाओं के स्रोत हैं और जीव पर शासन चलाने वाली प्रकृति की शक्तियों के अधिपति हैं।

नमस्ते वासुदेवाय सर्वभूतक्षयाय च।
हृषीकेश नमस्तुभ्यं प्रपन्नं पाहि मां प्रभो॥

हे वसुदेवपुत्र आपको नमस्कार है। आप में सभी जीवों का निवास है। हे मन तथा इन्द्रियों के स्वामी, मैं पुनः आपको नमस्कार करता हूँ। हे प्रभु, आपकी शरण में आया हूँ। आप मेरी रक्षा करें।

देवदेव जगन्नाथ पुण्यश्रवणकीर्तन।
यदूत्तमोत्तम:श्लोक नारायण नमोऽस्तु ते॥

हे देवों के देव, हे जगन्नाथ, हे आप जिनके यश को सुनना तथा कीर्तन करना अत्यन्त पवित्र है! हे यदुश्रेष्ठ, हे पुण्यश्लोक, हे परम भगवान् नारायण, मैं आपको नमस्कार करता हूँ।

श्रीशुक उवाय

मनसो वृत्तयो नः स्युः कृष्ण पादाम्बुजाश्रयाः।
वाचोऽभिधायिनीर्नाम्नां कायस्तत्प्रह्वणादिषु॥

हमारे मानसिक कार्य सर्वदा कृष्ण के चरणकमलों की शरण ग्रहण करें, हमारे शब्द सर्वदा उन्हीं के नामों का कीर्तन करें और हमारे शरीर सर्वदा उन्हीं को नमस्कार करें तथा उनकी ही सेवा करें।

कुन्ती उवाच

कृष्ण कृष्ण महायोगिन्विश्वात्मन्विश्वभावन।
प्रपन्नां पाहि गोविन्द शिशुभिश्चावसीदतीम्॥

हे कृष्ण, हे कृष्ण! हे महान् योगी! हे परमात्मा तथा ब्रह्मांड के रक्षक! हे गोविन्द! मेरी रक्षा कीजिये। मैं आपकी शरण में हूँ। मैं तथा मेरे पुत्र दुख से अभिभूत हैं।

नान्यत्तव पदाम्भोजात्पश्यामि शरणं नृणाम्।
बिभ्यतां मृत्युसंसारादीस्वरस्यापवर्गिकात्॥

जो लोग मृत्यु तथा पुनर्जन्म से भयभीत हैं, उनके लिए मैं आपके मोक्षदाता चरणकमलों के अतिरिक्त अन्य कोई शरण नहीं देखती, क्योंकि आप परमेश्वर हैं।

नमः कृष्णाय शुद्धाय ब्रह्मणे परमात्मने।
योगेश्वराय योगाय त्वामहं शरणं गता॥

मैं परम शुद्ध, परम सत्य, परमात्मा, शुद्ध-भक्ति के स्वामी तथा समस्त ज्ञान के उद्‌गम को नमस्कार करती हूँ। मैं आपकी शरण में आई हूँ।

धृतराष्ट्र उवाच

यो दुर्विमर्शपथया निजमाययेदं
सृष्ट्वा गुणान्विभजते तदनुप्रविष्टः।
तस्मै नमो दुरवबोधविहारतन्त्र—
संसारचक्रगतये परमेश्वराय॥

मैं उन भगवान् को नमस्कार करता हूँ जो अपनी भौतिक शक्ति की अचिन्त्य क्रियाशीलता से इस ब्रह्मांड का सृजन करते हैं और फिर सृष्टि के भीतर प्रवेश करते हुए प्रकृति के विभिन्न गुणों को वितरित कर देते हैं। जिनकी लीलाओं का अर्थ अगाध है, उन्हीं से यह जन्म-मृत्यु का बन्धनकारी चक्र तथा उससे मोक्ष पाने की विधि उत्पन्न हुए हैं।

न कामयेऽन्यं तव पादसेवना—
दकिञ्चनप्रार्थ्यतमाद्वरं विभो।
आराध्य कस्त्वां ह्यपवर्गदं हरे
वृणीत आर्यो वरमात्मबन्धनम्॥

हे सर्वशक्तिमान, मैं आपके चरणकमलों की सेवा के अतिरिक्त और किसी वर की कामना नहीं करता क्योंकि यह वर उन लोगों के द्वारा उत्सुकतापूर्वक चाहा जाता है, जो भौतिक कामनाओं से मुक्त हैं। हे हरि! ऐसा कौन प्रबुद्ध व्यक्ति होगा जो मुक्तिदाता अर्थात् आपकी पूजा करते हुए ऐसा वर चुनेगा जो उसका ही बन्धन बने?

तस्माद्विसृज्याशिष ईश सर्वतो
रजस्तमःसत्त्वगुणानुबन्धनाः।
निरञ्जनं निर्गुणमद्वयं परं
त्वां ज्ञाप्तिमात्रं पुरुषं व्रजाम्यहम्॥

इसलिए हे प्रभु, उन समस्त भौतिक इच्छाओं को त्यागकर जो रजो, तमो तथा सतो गुणों से बद्ध हैं, मैं शरण लेने के लिए आप पूर्ण पुरुषोत्तम भगवान् से प्रार्थना कर रहा हूँ। आप भौतिक उपाधियों से प्रच्छन्न नहीं हैं, प्रत्युत आप शुद्ध ज्ञान से पूर्ण तथा भौतिक गुणों से परे परम सत्य हैं।

चिरमिह वृजिनार्तस्तप्यमानोऽनुतापै—
रवितृषषडमित्रोऽलब्धशान्तिः कथञ्चित्।
शरणद समुपेतस्त्वत्पदाब्जं परात्म—
नभयमृतमशोकं पाहि मापन्नमीश॥

इतने दीर्घकाल से मैं इस जगत में कष्टों से पीड़ित होता रहा हूँ और शोक से जलता रहा हूँ। मेरे छह शत्रु कभी भी तृप्त नहीं होते और मुझे शान्ति नहीं मिल पाती। इसीलिए हे शरणदाता, हे परमात्मा मेरी रक्षा करें। हे प्रभु, सौभाग्य से इतने संकट के बीच मैं आपके चरणकमलों तक पहुँचा हूँ, जो सत्य स्वरूप हैं और जो निर्भय तथा शोक-रहित बनाने वाले हैं।

यस्याङ्घ्रिपङ्कजरजःस्नपनं महान्तो
वाञ्छन्त्युमापतिरिवात्मतमोऽपहत्यै।
यर्ह्यम्बुजाक्ष न लभेय भवत्प्रसादं
जह्यामसून्व्रतकृशान्शतजन्मभिः स्यात्॥

हे कमल-नेत्र, शिवजी जैसे महात्मा आपके चरणकमलों की धूलि में स्नान करके अपने अज्ञान को नष्ट करना चाहते हैं। यदि मुझे आपकी कृपा प्राप्त नहीं होती तो मैं अपने उस प्राण को त्याग दूँगी जो मेरे द्वारा की जाने वाली कठिन तपस्या के कारण दुर्बल हो चुका होगा। तब कहीं सैकड़ों जन्मों तक कठिन परिश्रम करने के बाद शायद आपकी कृपा प्राप्त हो सके।

श्रीशुक उवाय

नारायण नमस्तेऽस्तु शङ्ख्चक्रगदाधर।
दामोदरारविन्दाक्ष गोविन्द यदुनन्दन॥

हे नारायण, हे शंख, चक्र तथा गदा के धारणकर्ता, हे कमल-नेत्र दामोदर, हे गोविन्द, हे यदुवंशी, आपको नमस्कार है।

जाम्बवान उवाच

जाने त्वां सर्वभूतानां प्राण ओजः सहो बलम्।
विष्णुं पुराणपुरुषं प्रभविष्णुमधीश्वरम्॥

मैं जानता हूँ कि आप समस्त जीवों के प्राण हैं और ऐन्द्रिय, मानसिक तथा शारीरिक बल हैं। आप आदि पुरुष, परम पुरुष, सर्व शक्तिमान भगवान् विष्णु हैं।

त्वं हि विश्वसृजाम्स्रष्टा सृष्टानामपि यच्च सत्।
कालः कलयतामीशः पर आत्मा तथात्मनाम्॥

आप ब्रह्मांड के समस्त स्रष्टाओं के परम स्रष्टा तथा समस्त सृजित वस्तुओं में निहित वस्तु हैं। आप समस्त दमनकर्तायों के दमनकर्ता, परमेश्वर तथा समस्त आत्माओं के परमात्मा हैं।

कृतवर्मा उवाच

नमस्तस्मै भगवते कृष्णायाद्भुतकर्मणे।
अनन्तायादिभूताय कूटस्थायात्मने नमः॥

मैं उन भगवान् कृष्ण को नमस्कार करता हूँ जिनका हर कार्य चकित करने वाला है। वे परमात्मा हैं, असीम स्रोत तथा समस्त जगत के स्थिर केन्द्र हैं।

भूमिरुवाच

नमस्ते देवदेवेश शङ्ख्चक्रगदाधर।
भक्तेच्छोपात्तरूपाय परमात्मन्नमोऽस्तु ते॥

हे देवदेव, हे शंख, चक्र तथा गदा धारण करने वाले, आपको नमस्कार है। हे परमात्मा, आप अपने भक्तों की इच्छाओं को पूरा करने के लिए विभिन्न रूप धारण करते हैं। आपको नमस्कार है।

नमः पङ्कजनाभाय नमः पङ्कजमालिने।
नमः पङ्कजनेत्राय नमस्तेपङ्कजाङ्घये॥

हे प्रभु, आपको मेरा सादर नमस्कार है। आपके उदर में कमल के फूल जैसा गड्ढा अंकित है, आप सर्वदा कमल के फूल की मालाओं से सुसज्जित रहते हैं, आपकी चितवन कमल जैसी शीतल है और आपके चरणों में कमल अंकित हैं।

नमो भगवते तुभ्यं वासुदेवाय विष्णवे।
पुरुषायादिबीजाय पूर्णबोधाय ते नमः॥

हे वासुदेव, हे विष्णु, हे आदि-पुरुष, हे आदि-बीज भगवान्, आपको मेरा सादर नमस्कार है। हे सर्वज्ञ, आपको नमस्कार है।

अजाय जनयित्रेऽस्य ब्रह्मणेऽनन्तशक्तये।
परावरात्मन्भूतात्मन्परमात्मन्नमोऽस्तु ते॥

अनन्त शक्तियों वाले, इस ब्रह्मांड के अजन्मा जनक ब्रह्म, आपको नमस्कार है। हे वर तथा अवर के आत्मा, हे सृजित तत्त्वों के आत्मा, हे सर्वव्यापक परमात्मा, आपको नमस्कार है।

त्वं वै सिसृक्षुरज उत्कटं प्रभो
तमो निरोधाय बिभर्ष्यसंवृतः।
स्थानाय सत्त्वं जगतो जगत्पते
कालः प्रधानं पुरुषो भवांपरः॥

हे अजन्मा प्रभु, सृजन की इच्छा करके आप वृद्धि करते हैं और तब रजो गुण धारण करते हैं। इसी प्रकार जब आप ब्रह्मांड का संहार करना चाहते हैं, तो तमो गुण और जब इसका पालन करना चाहते हैं, तो सतो गुण धारण करते हैं। तो भी आप इन गुणों से अनाच्छादित रहते हैं। हे जगत्पति, आप काल, प्रधान तथा पुरुष हैं फिर भी आप पृथक् एवं भिन्न रहते हैं।

अहं पयो ज्योतिरथानिलो नभो
मात्राणि देवा मन इन्द्रियाणि।
कर्ता महानित्यखिलं चराचरं
त्वय्यद्वितीये भगवनयं भ्रमः॥

यह भ्रम है कि पृथ्वी, जल, अग्नि, वायु, आकाश, विभिन्न इन्द्रिय-विषय, देवता, मन, इन्द्रियाँ, मिथ्या अहंकार तथा महत् तत्त्व आपसे स्वतंत्र होकर विद्यमान हैं। वास्तव में वे सब आपके भीतर हैं क्योंकि हे प्रभु, आप अद्वितीय हैं।

अस्त्वम्बुजाक्ष मम ते चरणानुराग
आत्मन्रतस्य मयि चानतिरिक्तदृष्टेः।
यर्ह्यस्य वृद्धय उपात्तरजोऽतिमात्रो
मामीक्षसे तदु ह नः परमानुकम्पा॥

हे कमल-नेत्र, यद्यपि आप आपने में तुष्ट रहते हैं जिससे शायद ही कभी मेरी ओर ध्यान देते हैं, तो भी कृपा करके मुझे अपने चरणकमलों के प्रति स्थायी प्रेम का आशीर्वाद दें। जब आप ब्रह्मांड की सृष्टि करने के लिए रजोगुण की प्रधानता धारण करते हैं तभी आप मुझ पर दृष्टि डालते हैं, जो निस्सन्देह मेरे ऊपर आपकी महती कृपा होती है।

श्रीशुक उवाच

नमस्ये त्वां महादेव लोकानां गुरुमीश्वरम्।
पुंसामपूर्णकामानां कामपूरामराङ्घ्रिपम्॥

हे महादेव, मैं समस्त लोकों के आध्यात्मिक गुरु तथा नियन्ता, आपको नमस्कार करता हूँ। आप उस स्वर्गिक-वृक्ष की तरह हैं, जो अपूर्ण इच्छाओं वाले व्यक्तियों की इच्छाएँ पूरी करता है।

ज्वर उवाच

नमामि त्वानन्तशक्तिं परेशम्
सर्वात्मानं केवलं ज्ञप्तिमात्रम्।
विश्वोत्पत्तिस्थानसंरोधहेतुं
यत्तद्ब्रह्म ब्रह्मलिङ्गम्प्रशान्तम्॥

हे अनन्त शक्ति वाले, समस्त जीवों के परमात्मा भगवान्, मैं आपको नमस्कार करता हूँ। आप शुद्ध तथा पूर्ण चेतना से युक्त हैं और इस विराट ब्रह्मांड की सृजन, पालन तथा संहार के आदि कारण हैं। आप पूर्ण शान्त हैं और आप परम ब्रह्म हैं जिनका प्रकारान्तर से सारे वेद उल्लेख करते हैं।

कालो दैवं कर्म जीवः स्वभावो
द्रव्यं क्षेत्रं प्राण आत्मा विकारः।
तत्सङ्घातो बीजरोहप्रवाह—
स्त्वन्मायैषा तन्निषेधं प्रपद्ये॥

काल, भाग्य, कर्म, जीव तथा उसका स्वभाव, सूक्ष्म भौतिक तत्त्व, भौतिक शरीर, प्राण-वायु, मिथ्या अहंकार, विभिन्न इन्द्रियाँ तथा जीव के सूक्ष्म शरीर में प्रतिबिम्बित इन सबों की समग्रता—ये समस्त आपकी माया हैं, जो बीज तथा पौधे के अन्तहीन चक्र जैसे हैं। इस माया का निषेध, मैं आपकी शरण ग्रहण करता हूँ।

श्रीरुद्र उवाच

त्वं हि ब्रह्म परं ज्योतिर्गूढं ब्रह्मणि वाङ्मये।
यं पश्यन्त्यमलात्मान आकाशमिव केवलम्॥

आप ही केवल परम सत्य, परम ज्योति तथा परम ब्रह्म की शाब्दिक अभिव्यक्ति के भीतर के गुह्य रहस्य हैं। जिनके हृदय निर्मल हैं, वे आपका दर्शन कर सकते हैं

क्योंकि आप आकाश की तरह निर्मल हैं।

नाभिर्नभोऽग्निर्मुखमम्बु रेतो
द्यौः शीर्षमाशाः श्रुतिरङ्घ्रिरुर्वी।
चन्द्रो मनो यस्य दृगर्क आत्मा
अहं समुद्रो जठरं भुजेन्द्रः॥
रोमाणि यस्यौषधयोऽम्बुवाहाः
केशा विरिञ्चो धिषणा विसर्गः।
प्रजापतिर्हृदयं यस्य धर्मः
स वै भवान्पुरुषो लोककल्पः॥

आकाश आपकी नाभि है, अग्नि आपका मुख है, जल आपका वीर्य है और स्वर्ग आपका सिर है। दिशाएँ आपकी कान हैं, औषधि-पौधे आपके शरीर के रोएँ हैं तथा जलधारक बादल आपके सिर के बाल हैं। पृथ्वी आपका पाँव है, चन्द्रमा आपका मन है तथा सूर्य आपकी नेत्र है, जबकि मैं आपका अहंकार हूँ। समुद्र आपका उदर है, इन्द्र आपकी भुजा है, ब्रह्मा आपकी बुद्धि है, प्रजापति आपकी लिंग है और धर्म आपका हृदय है। असल में आप आदि पुरुष हैं, लोकों के स्रष्टा हैं।

यथैव सूर्यः पिहितश्छायया स्वया
छायां च रूपाणि च सञ्चकास्ति।
एवं गुणेनापिहितो गुणांस्त्व—
मात्मप्रदीपो गुणिनश्च भूमन्॥

हे सर्वशक्तिमान, जिस तरह सूर्य बादल से ढका होने पर भी बादल को तथा अन्य समस्त दृश्य रूपों को भी प्रकाशित करता है उसी तरह आप भौतिक गुणों से ढके रहने पर भी प्रकाशित करता है उसी तरह आप भौतिक गुणों से ढके रहने पर भी स्वयं प्रकशित बने रहते हैं और उन समस्त गुणों को, उन गुणों से युक्त जीवों समेत, प्रकट करते हैं।

अहं ब्रह्माथ विबुधा मुनयश्चामलाशयाः।
सर्वात्मना प्रपन्नास्त्वामात्मानं प्रेष्ठमीश्वरम्॥

मैंने, ब्रह्मा ने, अन्य देवता तथा शुद्ध मन वाले मुनिगण-सभी लोगों ने पूर्ण मनोयोग से आपकी शरण ग्रहण की है। आप हमारे सबसे प्रियतम आत्मा तथा प्रभु हैं।

तं त्वा जगत्स्थित्युदयान्तहेतुं
समं प्रसान्तं सुहृदात्मदैवम्।

अनन्यमेकं जगदात्मकेतं
भवापवर्गाय भजाम देवम् ॥

हे भगवन्, भौतिक जीवन से मुक्त होने के लिए हम आपकी पूजा करते हैं। आप ब्रह्मांड के पालनकर्ता और इसके सृजन तथा मृत्यु के कारण हैं। आप समभाव तथा पूर्ण शान्त, सच्चा मित्र, आत्मा तथा पूज्य स्वामी हैं। आप अद्वितीय हैं और समस्त जगतों तथा जीवों के आश्रय हैं।

नृग उवाच

देवदेव जगन्नाथ गोविन्द पुरुषोत्तम।
नारायण हृषीकेश पुण्यश्लोकाच्युताव्यय ॥
अनुजानीहि मां कृष्ण यान्तं देवगतिं प्रभो।
यत्र क्वापि सतश्चेतो भूयान्मे त्वत्पदास्पदम् ॥

हे देवदेव, जगन्नाथ, गोविन्द, पुरुषोत्तम, नारायण, हृषिकेश, पुण्यश्लोक, अच्युत, अव्यय, हे कृष्ण, कृपा करके मुझे अब देवलोक के लिए प्रस्थान करने की अनुमति दें। हे प्रभु, मैं जहाँ भी रहूँ, मेरा मन सर्वदा आपके चरणकमलों की शरण ग्रहण करे।

नमस्ते सर्वभावाय ब्रह्मणेऽनन्तशक्तये।
कृष्णाय वासुदेवाय योगानां पतये नमः ॥

हे वसुदेवपुत्र कृष्ण, मैं आपको बारम्बार नमस्कार करता हूँ। आप सभी जीवों के उद्गम हैं, परम सत्य हैं, अनन्त शक्तियों के स्वामी हैं और सारे आध्यात्मिक प्रवर्गों के स्वामी हैं।

जातरूपमयं चैकं कुण्डलं वज्रभूषणम्।
आदिपद्मं च पद्माख्यं दिव्यं श्रवणभूषणम् ॥

हे स्वामी। आप दैवी आभूषणों के रूप में अपने कानों के लिए यह हीरे से जड़ा हुआ सोने का एक कुण्डल और पद्म कहलाने वाला यह आदि कमल स्वीकार करें। कृपया इन्हें स्वीकार करें क्योंकि अलंकरण का यह कार्य परम्परागत है।

श्रीबादरायणिरुवाच

राम रामाखिलाधार प्रभावं न विदाम ते।
मूढानां नः कुबुद्धीनां क्षन्तुमर्हस्यतिक्रमम् ॥

हे राम, हे सर्वाधार राम, हम आपकी शक्ति के बारे में कुछ भी नहीं जानते।

कृपया हमारा अपराध क्षमा कर दें क्योंकि हम अज्ञानी हैं तथा बहकावे में आ गये थे।

स्थित्युत्पत्त्यप्ययानां त्वमेको हेतुर्निराश्रयः।
लोकान्क्रीडनकानीश क्रीडतस्ते वदन्ति हि॥

आप कोई भी कारण तथा आधार के बिना अकेले इस जगत का सृजन, पालन तथा संहार करते हैं। दरअसल, हे प्रभु, विद्वानों यह का कहना है कि जब आप अपनी लीलाएँ करते हैं, तो सारे संसार आपके खिलौने जैसे होते हैं।

नमस्ते सर्वभूतात्मन्सर्वशक्तिधराव्यय।
विश्वकर्मन्नमस्तेऽस्तु त्वां वयं शरणं गताः।

हे समस्त जीवों के आत्मा, हे समस्त शक्तियों के धारणकर्ता, हे ब्रह्मांड के अव्यय स्रष्टा, हम आपको नमस्कार करते हैं और नमस्कार करते हुए आपकी शरण ग्रहण करते हैं।

श्रीनारद उवाच

दृष्टं तवाङ्घ्रियुगलं जनतापवर्गं
ब्रह्मादिभिर्हृदि विचिन्त्यमगाधबोधैः।
संसारकूपपतितोत्तरणावलम्बं
ध्यायंश्चराम्यनुगृहाण यथा स्मृतिः स्यात्॥

अब मैंने आपके उन चरणों के दर्शन किये हैं, जो आपके भक्तों को मोक्ष प्रदान करते हैं तथा जिन्हें ब्रह्मा तथा अन्य अथाह बुद्धि वाले महापुरुष भी केवल अपने हृदयों में ध्यान कर सकते हैं किन्तु जो भवकूप में गिर चुके हैं, वे उद्धार हेतु जिनकी शरण ग्रहण करते हैं। आप मुझ पर कृपालु हों जिससे विचरण करते हुए मैं निरन्तर आपका स्मरण कर सकूँ। कृपा करके मुझे शक्ति दें कि मैं आपका स्मरण कर सकूँ।

विदाम योगमायास्ते दुर्दर्शा अपि मायिनाम्।
योगेश्वरात्मन्निर्भाता भवत्पादनिषेवया॥

हे परमात्मा, हे योगेश्वर, अब हम आपकी योगशक्तियों को समझ सके हैं, जिन्हें बड़े बड़े योगी के लिए भी समझ पाना असम्भव हैं। एकमात्र आपके चरणों की सेवा करने से मैं आपकी शक्तियों का अनुभव कर सका हूँ।

अनुजानीहि मां देव लोकांस्ते यशसाप्लुतान्।
पर्यटामि तवोद्गायन्लीला भुवनपावनीः॥

हे प्रभु, मुझे जाने की आज्ञा दें। मैं उन लोकों में, जो आपके यश से आप्लावित हैं, ब्रह्मांड को पवित्र करने वाली आपकी लीलाओं का जोर जोर से गायन करते हुए विचरण करूँगा।

तवेहितं कोऽर्हति साधु वेदितुं
स्वमाययेदं सृजतो नियच्छतः।
यद्विद्यमानात्मतयावभासते
तस्मै नमस्ते स्वविलक्षणात्मने॥

भला आपके उद्देश्य को सही सही कौन समझ सकता है अपनी भौतिक शक्ति से आप इस सृष्टि का विस्तार करते हैं और फिर इसे अपने में लीन कर लेते हैं, जिससे प्रतीत होता है कि इसका वास्तविक अस्तित्व है। आपको नमस्कार है, जिनकी दिव्य स्थिति अचिन्त्य है।

राजान ऊचुः

नमस्ते देवदेवश प्रपन्नार्तिहराव्यय।
प्रपन्नान्पाहि नः कृष्ण निर्विण्णान्घोरसंसृतेः॥

हे शासनकर्ता देवताओं के स्वामी, हे शरणागत भक्तों के क्लेश को नष्ट करने वाले, हम आपको नमस्कार करते हैं। चूँकि हमने आपकी शरण ग्रहण की है, इसीलिए हे अव्यय कृष्ण, हमें इस भयंकर भौतिक जीवन से बचाइये, जिसने हमें इतना निराश बना दिया है।

कृष्णाय वासुदेवाय हरये परमात्मने।
प्रणतक्लेशनाशाय गोविन्दाय नमो नमः॥

हम वसुदेव के पुत्र भगवान् कृष्ण अर्थात् हरि को बारम्बार नमस्कार करते हैं। वह परमात्मा गोविन्द उन सबों के कष्टों को दूर कर देता है, जो उनकी शरण में जाते हैं।

हि त्वात्म धामविधुतात्मकृतत्र्यवस्था—
मानन्दसम्प्लवमखंडमकुंठबोधम्।
कालोपसृष्टनिगमावन आत्तयोग—
मायाकृतिं परमहंसगतिं नताः स्म॥

आपके स्वरूप का तेज भौतिक चेतना के त्रिगुण प्रभावों को दूर करता है और आपके अनुग्रह से हम पूर्ण सुख में निमग्न हो जाते हैं। आपका ज्ञान अविभाज्य तथा असीम है। आप अपनी योगमाया शक्ति के द्वारा आपने उन वेदों की रक्षा करने के

लिए यह मानव रूप धारण किया है, जो कालक्रम से संकटग्रस्त हो गये थे। हे पूर्ण-सन्तों के चरम लक्ष्य, हम आपके समक्ष नतमस्तक हैं।

श्रीमुनय ऊचुः

नमस्तस्मै भगवते कृष्णायाकुंठमेधसे।
स्वयोगमाययाच्छन्नमहिम्ने परमात्मने॥

हम अनन्त बुद्धि वाले परमात्मा अर्थात् पूर्ण पुरुषोत्तम भगवान् श्रीकृष्ण को नमस्कार करते हैं, जिन्होंने अपनी योगमाया द्वारा अपनी महानता को छिपा रखा है।

श्रीबादरायणिरुवाच

कृष्ण कृष्ण महायोगिन्सङ्कर्षण सनातन।
जाने वामस्य यत्साक्षात्प्रधानपुरुषौ परौ॥

हे कृष्ण, हे कृष्ण, हे योगीश्वर, हे नित्य सङ्कर्षण, मैं जानता हूँ कि तुम दोनों निजी तौर पर ब्रह्मांड की सृष्टि के कारणस्वरूप और साथ ही साथ सृष्टि के अवयव भी हो।

श्रीदेवक्युवाच

यस्यांशांशांशभागेन विश्वोत्पत्तिलयोदयाः।
भवन्ति किल विश्वात्मंस्तं त्वाद्याहं गतिं गता॥

हे विश्वात्मा, ब्रह्मांड की उत्पत्ति, पालन तथा संहार-ये सभी आपके अंश के अंश के भी एक अंश द्वारा सम्पन्न किये जाते हैं। हे भगवान्, मैं आज आपकी शरण में आई हूँ।

बलिरुवाच

नमोऽनन्ताय बृहते नमः कृष्णाय वेधसे।
साङ्ख्ययोगवितानाय ब्रह्मणे परमात्मने॥

समस्त जीवों में महानतम अनन्त देव को नमस्कार है। ब्रह्मांड के स्रष्टा भगवान् कृष्ण को नमस्कार है, जो सांख्य तथा योग के सिद्धान्तों का प्रसार करने के लिए निर्विशेष ब्रह्म तथा परमात्मा के रूप में प्रकट होते हैं।

दर्शनं वां हि भूतानां दुष्प्रापं चाप्यदुर्लभम्।
रजस्तमःस्वभावानां यन्नः प्राप्तौ यदृच्छया॥

अनेक जीवों के लिए आप दोनों विभुओं के दर्शन दुर्लभ हैं, किन्तु तमोगुण तथा रजोगुण में स्थित हमारे जैसे व्यक्ति भी सुगमता से आपके दर्शन पा सकते हैं, जब आप स्वेच्छा से प्रकट होते हैं।

श्री बहुलाश्व उवाच

नमस्तुभ्यं भगवते कृष्णायाकुंठमेधसे।
नारायणाय ऋषये सुशान्तं तप ईयुषे॥

हे पूर्ण पुरुषोत्तम भगवान् कृष्ण, आपको नमस्कार है, जिनकी बुद्धि सर्वदा ही असीम है। ऋषि नर-नारायण को नमस्कार है, जो पूर्ण शान्ति में रह कर सर्वदा तपस्या करते रहते हैं।

श्रुतदेव उवाच

नमोऽस्तु तेऽध्यात्मविदां परात्मने
अनात्मने स्वात्मविभक्तमृत्यवे।
सकारणाकारणलिङ्गमीयुषे
स्वमाययासंवृतरुद्धदृष्टये॥

मैं आपको नमस्कार करता हूँ। परम सत्य को जानने वालों द्वारा आप परमात्मा के रूप में अनुभव किये जाते हैं, जबकि काल रूप में आप विस्मरणशील जीवों के लिए मृत्यु स्वरूप हें। आप अपने अहैतुक आध्यात्मिक रूप में तथा इस ब्रह्मांड के सृजित रूप में प्रकट होते हैं। इस तरह आप अपनी योगशक्ति द्वारा एक ही समय अपने भक्तों की आँखें खोलते हैं और अभक्तों की दृष्टि को बाधित करते हैं।

श्रीधर उवाच

वागीशा यस्य वदेन लक्ष्मीर्यस्य च वक्षसि।
यस्यास्ते हृदये संवित् तं नृसिंहमहंभजे॥

मैं नृसिंह भगवान् की पूजा करता हूँ, जिनके मुख के भीतर वाणी के महान् स्वामी निवास करते हैं, जिनके वक्षस्थल पर लक्ष्मी वास करती है और जिनके हृदय में चेतना की दैवीशक्ति निवास करती है।

श्री श्रुतय ऊचुः

जय जय जह्यजामजित दोषगृभीतगुणां
त्वमसि यदात्मना समवरुद्धसमस्तभगः।
अगजगदोकसामखिलशक्त्यवबोधक ते
क्वचिदजयात्मना च चरतोऽनुचरेन्निगमः॥

हे अजित! आपकी जय हो, जय हो, अपने स्वभाव से आप समस्त ऐश्वर्य से परिपूर्ण हैं, अतएव आप माया की शाश्वत शक्ति को परास्त करें, जो बद्धजीवों के लिए कठिनाइयाँ पैदा करने के लिए तमों गुणों को अपने वश में कर लेती है। चराचर देहधारियों की समस्त शक्ति को जागृत करनेवाले, कभी कभी जब आप अपनी भौतिक तथा आध्यात्मिक शक्तियों के साथ क्रीड़ा करते हैं, तो वेद आपको पहचान लेते हैं।

जय जयाजित जह्यगजंगमा—
वृतिमजामुपनीतमृषागुणाम्॥
न हि भवन्तमृते प्रभवन्त्यामी
निगमगीतगुणार्णवता तव॥

हे अजित! आपकी जय हो, जय हो। कृपा करके अपनी नित्य माया के प्रभाव को परास्त करें, जो समस्त चर तथा अचर प्राणियों को आच्छादित करती है और मोह के गुणों पर शासन चलाती हैं। आपके प्रभाव के बिना ये समस्त वैदिक-मन्त्र आपका गुणगान दिव्य गुणों के सागर के रूप में करने में असमर्थ रहेंगे।

नमो नमस्तेऽखिलकारणाय
निष्कारणायाद्भुतकारणाय॥

समस्त सृष्टि के उद्गम, आपको बारम्बार नमस्कार है। आप समस्त कारणों के अचिन्त्य कारण हैं और आपका कोई अन्य कारण नहीं है।

श्रीभगवानुवाच

मन्मना भव मद्भक्तो मद्याजी मां नमस्कुरु।
मामेवैष्यसि युक्त्वैवम् आत्मानं मत्परायणः॥

अपने मन को सर्वदा मेरा चिन्तन करने में लगाओ, मेरे भक्त बनो, मुझे ही नमस्कार करो तथा मेरी पूजा करो। पूरी तरह से मुझमें लीन होने पर तुम अवश्य ही मेरे पास आओगे।

देवा ऊचुः

ननाम ते देव पदारविन्दं प्रपन्नतापोपशमातपत्रम्।
यन्मूलकेता यतयोऽञ्ज सोरुसंसारदुःखं बहिरुत्क्षिपन्ति॥

हे प्रभु! आपके चरणकमल शरणागतों के लिए छाते के समान हैं, जो सारे भौतिक क्लेशों से उनकी रक्षा करते हैं। सभी ऋषि-मुनि उसी की छाया में सारे भौतिक क्लेशों से छूट जाते हैं। अतएव हम आपके चरणकमलों को सादर नमस्कार करते हैं।

श्रीधर उवाच

नरवपुः प्रतिपाद्य यदि त्वयि
श्रवणवर्णनसंस्मरणादिभीः।
नरहरे न भजन्ति नृणाम् इदं
दृतिवद् उच्छ्वसितं विफलं ततः॥

हे नरहरि! जिन लोगों ने यह मनुष्य-जीवन प्राप्त किया है, यदि वे आपका श्रवण, कीर्तन, चिन्तन तथा अन्य भक्ति-कार्य करके पूजा करने से चूक जाते है, तो वे व्यर्थ ही जीवित हैं और धौंकनी के समान ही श्वास लेते रहते हैं।

उदरादिषु यः पुंसां चिन्तितो मुनिवर्त्मभिः।
हन्ति मृत्युभयं देवो हृदगतं तमुपास्महे॥

आओ, हम उन भगवान् की पूजा करें, जो हृदय में वास करते हैं। जब मर्त्य प्राणी महर्षियों के द्वारा स्थापित मानक विधियों से उदर में तथा शरीर के अन्य भागों में उनके अंशों के रूप में उनका ध्यान करते हैं, तो भगवान् मृत्यु के भय को विनष्ट करते हुए प्रत्युत्तर देते हैं।

स्वनिर्मितेषु कार्येषु तारतम्यविवर्जितम्।
सर्वानुस्युतसन्मात्रं भगवन्तं भजामहे॥

हम उन परमेश्वर की पूजा करें, जो अपनी ही सृष्टि के पदार्थों में प्रवेश करते हैं, फिर भी उनकी उत्तम तथा निम्न भौतिक कोटियों से वे पृथक् रहते हैं। वे शुद्ध, विभेदरहित अस्तित्ववाले है और सर्वव्यापी हैं।

त्वत् कथामृत पाथोधौ विहरन्तो महामुदः।
कुर्वन्ति कृतिनः केचिच्चतुर्वर्गं तृणोपमम्॥

वे विरल भाग्यशाली व्यक्ति जो आपकी कथाओं के अमृत सागर में क्रिड़ा करके परम आनन्द प्राप्त करते हैं, वे जीवन के महान् चतुर्वर्ग यथा धर्म, अर्थ, काम

तथा मोक्ष को तृणवत् समझते हैं।

चरणस्मरणं प्रेम्णा तव देव सुदुर्लभम्।
यथा कथञ्चिद् नृहरे मम भूयाद् अहर्निशम्॥

हे प्रभु! आपके चरणकमलों का प्रेमपूर्ण स्मरण बड़ी मुश्किल से हो पाता है। हे नरहरि। आप ऐसा करें कि रात-दिन मैं उनका स्मरण कर सकूँ।

पन्थास्तु कोटिशतवत्सरसम्प्रगम्यो
वायोरथापि मनसो मुनिपुंगवानाम्।
सोऽप्यस्ति यत्प्रपदसिम्न्यविचिन्त्यतत्त्वे
गोविन्दमादिपुरुषं तमहं भजामि॥

मैं उन आदि भगवान् गोविन्द की पूजा करता हूँ, जिनके चरणकमलों के अँगूठे के छोर तक ही वे योगीजन पहुँच पाते हैं, जो ब्रह्म की कामना करते हैं और श्वास खींचकर प्राणायम करते हैं या वे ज्ञानीजन जो करोड़ों वर्षों तक संसार का निषेध करके विभेद रहित ब्रह्म की खोज में लगे रहते हैं।

क्वाहं बुद्ध्यादिसंरुद्धः क्व च भूमन्महस्तव।
दीनबन्धो दयासिन्धो भक्तिं मे नृहरे दिश॥

मैं क्या हूँ—सांसारिक बुद्धि इत्यादि के भौतिक आवरणों से बँधा-जीव? हे सर्वशक्तिमान! आपकी महिमा से इसकी क्या तुलना है? हे पतितों के मित्र, हे दया के सागर! भगवान् नरहरि! आप मुझे अपनी भक्ति का वर दें।

मिथ्या तर्क सुकर्कशेरितमहा वादान्धकारान्तर—
भ्राम्यन्मन्दमतेरमन्दमहिमंस्त्वद्ज्ञानवर्त्मास्फुटम्।
श्रीमन्माधव वामन त्रिनयन श्रीशंकर श्रीपते
गोविन्देति मुदा वदन् मधुपते मुक्तः कदा स्यामहम्॥

मिथ्या तर्क की कटु विधियों द्वारा पल्लवित उन उच्च दर्शनों के अन्धकार में घूमने वाली मोहग्रस्त आत्मा के लिए, हे दिव्य यश के स्वामी! आपका असली ज्ञान अलक्षित रहता है। हे मधुपति, लक्ष्मीपति! मैं माधव, वामन, त्रिनयन, श्रीशंकर, श्रीपति तथा गोविन्द आदि आपके नामों का प्रसन्नतापूर्वक उचारण करते हुए कब मुक्ति प्राप्त करूँगा?

यत् सत्त्वतः सदा भाति जगदेतद् असत् स्वतः।
सदाभासमसत्यस्मिन् भगवन्तं भजाम तम्॥

हम उन भगवान् की पूजा करें, जिनके भौतिक अस्तित्व से यह सृष्ट जगत

शाश्वत रूप से विद्यमान प्रतीत होता है, यद्यपि यह असत् है। परमात्मा रूप में वे इस असत् के भीतर सत् का प्रतिनिधित्व करते हैं।

यो वेदानां अधिपो यधस्मल्लोका अधिश्रिताः।
य ईशोऽस्य द्विपदश्चतुष्पदस्तस्मै देवाय हविषा विधेम्॥

जो सारे वेदों के स्वामी हैं, जिनमें समस्त लोक टिके हैं, जो समस्त ज्ञात जीवों, दो पैर वालों तथा चौपायों के स्वामी हैं, हम उन्हीं भगवान् की पूजा घी की आहुतियों से करते हैं।

अनिन्द्रियोऽपि यो देवः सर्वकारकशक्तिधृक्।
सर्वज्ञः सर्वकर्ता च सर्वसेव्यं नमामि तम्॥

भगवान् के कोई इन्द्रिय नहीं है, फिर भी वह प्रत्येक जीव के ऐन्द्रिय कार्यों को नियन्त्रित करता है। वे प्रत्येक वस्तु के जानने वाले, समस्त कार्य के चरमकर्ता तथा प्रत्येक की भक्ति के समुचित लक्ष्य हैं। मैं उनको नमस्कार करता हूँ।

अन्तर्यन्ता सर्वलोकस्य गीतः
श्रुत्या युक्त्या चैवम् एवावसेयः।
यः सर्वज्ञः सर्वशक्तिर्नृसिंहः
श्रीमन्तं तं चेतसैवावलम्बै॥

मैं अपने हृदय में उसकी शरण ग्रहण करता हूँ, जिनका सारे जगतों के आन्तरिक नियन्ता के रूप में महिमागान किया जाता हैं और जिसकी पुष्टि समस्त वेद तर्क द्वारा करते हैं। वह सर्वज्ञ तथा सर्वशक्तिमान लक्ष्मीपति नृसिंह हैं।

नाथ योनि सहस्त्रेषु येषु येषु भ्रमाम्यहम्।
तत्र तत्राच्युता भक्तिरच्युतास्तु दृढा त्वयि॥

हे नाथ! मैं जीवन की हजारों योनियों में जहाँ-जहाँ घूमूँ प्रत्येक अवस्था में हे अच्युत! मैं आपकी दृढ़ भक्ति पाऊँ।

उद्भूतं भवतः सतोऽपि भुवनं सन्नैव सर्पः स्रजः
कुर्वत् कार्यं अपीह कूतकनकं वेदोऽपि नैवं परः।
अद्वैतं तव सत्परं तु परमानन्दं पदं तन्मुदा
वन्दे सुन्दरमिन्दिरानुत हरे मा मुञ्च मामानतम्॥

यद्यपि यह जगत सत्य के सार रूप आप से उदय हुआ है, किन्तु यह शाश्वत रूप से सत्य नहीं है। रस्सी से प्रकट होने वाला भ्रामक सर्प स्थायी वास्तविकता नहीं होता, न ही स्वर्ण से उत्पन्न विकार ही। वेद कभी यह नहीं कहते कि ये वास्तविक

हैं। वास्तविक दिव्य अद्वैत सत्य आपका परम आनन्दमय निजी धाम है। मैं उस धाम को नमस्कार करता हूँ। हे हरि मैं भी आपको नमस्कार करता हूँ, जिन्हें देवी लक्ष्मी सर्वदा नमस्कार करती हैं। अत: आप मुझे कभी भी छोड़ें नहीं।

अवगमं तव मे दिश माधव
स्फुरति यन्न सुखासुखसंगमः।
श्रवणवर्णनभावमथापि वा
न हि भवामि यथा विधिकिंकरः॥

हे माधव! ऐसा करें कि मैं आपको समझूँ, जिससे मैं भौतिक सुख तथा दुख के पाश का और अधिक अनुभव न कर सकूँ। या फिर अच्छा हो कि आप अपने विषय में श्रवण तथा कीर्तन करने का आस्वाद मुझे प्रदान करें। उस स्थिति में मैं आनुष्ठानिक आधिदेशों का दास नहीं रह जाऊँगा।

श्री श्रुतय ऊचुः

द्युपतय एव ते न ययुरन्तमनन्ततया
त्वमपि यदन्तराण्डनिचया ननु सावरणाः।
ख इव रजांसि वान्ति वयसा सह यच्छ्रयतय—
स्त्वयि हि फलन्त्यतन्निरसनेन भवन्निधनाः॥

चूँकि आप असीम हैं, इसीलिए न तो स्वर्ग के अधिपति, न ही स्वयं आप अपनी महिमा के छोर तक पहुँच सकते हैं। असंख्य ब्रह्मांड अपने अपने खोलों में लिपटे हुए कालचक्र के द्वारा आपके भीतर घूमने के लिए उसी तरह बाध्य हैं, जिस तरह कि आकाश में धूल के कण इधर–उधर घूमने रहते हैं। श्रुतियाँ आपको अपने अन्तिम निष्कर्ष के रूप में प्रकट करके सफल बनती हैं, क्योंकि वे आपसे पृथक् हर वस्तु को अपनी निरसन विधि से विलुप्त कर देती हैं।

द्युपतयो विदुरन्तमनन्त ते न
च भवान् न गिरः श्रुतिमौलयः।
त्वयि फलन्ति यतो नम इत्यतो
जय जयेति भजे तव तत्पदम्॥

हे अनन्त! स्वर्ग के देवता आपकी सीमा नहीं जानते, यहाँ तक कि आप भी इसे नहीं जानते। चूँकि सर्वोच्च श्रुतियों के दिव्य शब्द आपको प्रकट करने से फलदायी हो जाते हैं, अतएव मैं आपको नमस्कार करता हूँ। इस तरह मैं ''आपकी जय हो, आपकी जय हो'' यह कह कर ब्रह्म के रूप में आपकी पूजा करता हूँ।

श्रीनारद उवाच

नमस्तस्मै भगवते कृष्णायामलकीर्तये।
यो धत्ते सर्वभूतानामभवायोशती: कला: ॥

मैं उन निर्मल कीर्ति वाले भगवान् कृष्ण को नमस्कार करता हूँ, जो अपने सर्व-आकर्षक साकार अंशों को इसलिए प्रकट करते हैं, जिससे सारे जीव मुक्ति प्राप्त कर सकें।

गोपालतापनी उपनिषद्

तस्मात् कृष्ण एव परो देवस्तं ध्यायेत्
तं रसयेत् तं भजेत् तं यजेद् इति। ॐ तत्सत् ॥

इसलिए कृष्ण परम ईश्वर हैं। मनुष्य को चाहिए कि उन्हीं का ध्यान करें, उन्हीं से प्रेम के आदान-प्रदान का स्वाद ले, उन्हें ही पूजे और उन्हीं को यज्ञ अर्पित करे।

सर्वश्रुतिशिरोरत्ननीराजितपदाम्बुजम्।
भोगयोगप्रदं वन्दे माधवं कर्मिनम्रयो: ॥

श्रुतियों में सर्वश्रेष्ठ श्रुतियाँ अपने तेज से भगवान् माधव के चरणकमलों की आरती उतारती हैं। मैं उन्हें नमस्कार करता हूँ, जो भौतिक कर्मियों द्वारा सम्मानित भौतिक भोग प्रदान करने वाले हैं और जो उन्हें आदरपूर्वक शीश झुकाते हैं, उन्हें वे अपने साथ दिव्य सम्बन्ध प्रदान करते हैं।

श्रीशुक उवाय

शिव: शक्तियुत: शश्वत्त्रिलिङ्गो गुणसंवृत:।
वैकारिकस्तैजसश्च तामसश्चेत्यहं त्रिधा॥

शिवजी सर्वदा अपनी निजी शक्ति, प्रकृति के साथ, संयुक्त रहते हैं। प्रकृति के तीन गुणों के अनुरोध पर अपने को तीन रूपों में प्रकट करते हुए वे सतो, रजो तथा तमोगुणी अहंकार के त्रितत्त्व को धारण करने वाले हैं।

ततो विकारा अभवन्षोडशामीषु कञ्चन।
उपधावन्विभूतीनां सर्वासामश्नुते गतिम्॥

उसी मिथ्या अहंकार से सोलह तत्त्व विकार-रूप में निकले हैं। जब शिव-

भक्त इन तत्त्वों में से किसी भी विकार की पूजा करता है, तो उसे सभी प्रकार का उसी तत्त्व के संगत भोग्य ऐश्वर्य प्राप्त होता है।

हरिर्हि निर्गुणः साक्षात्पुरुषः प्रकृतेः परः।
स सर्वदृगुपद्रष्टा तं भजन्निर्गुणो भवेत्॥

किन्तु भगवान् हरि का भौतिक गुणों से कोई सरोकार नहीं रहता। वे सर्वद्रष्टा नित्य साक्षी भगवान् हैं, जो भौतिक प्रकृति के परे हैं। जो उनकी पूजा करता है, वह भी उन्हीं की तरह भौतिक गुणों से मुक्त हो जाता है।

अंशतस्तारतम्येन ब्रह्मरुद्रादिसेविनाम्।
विभूतयो भवन्त्येव शनैर्मोक्षोऽप्यनंशतः॥

ब्रह्मा, रुद्र तथा अन्य सभी देवताओं के भक्त अपनी पूजा के गुण के अनुसार भौतिक ऐश्वर्य की सीमित सफलता प्राप्त करते हैं। अन्ततः वे सम्भवतः पूर्ण मुक्ति के पात्र बन सकते हैं।

श्रीकरभाजन उवाच

नमस्ते वासुदेवाय नमः सङ्कर्षणाय च।
प्रद्युम्नायानिरुद्धाय तुभ्यं भगवते नमः॥
नारायणाय ऋषये पुरुषाय महात्मने।
विश्वेश्वराय विश्वाय सर्वभूतात्मने नमः॥

हे परम स्वामी वासुदेव, आपको तथा आपके संकर्षण, प्रद्युम्न तथा अनिरुद्ध-रूपों को नमस्कार है। हे भगवान्, आपको नमस्कार है। हे नारायण ऋषि, हे ब्रह्मांड के रुष्टा, पुरुषों में सर्वश्रेष्ठ, इस जगत के स्वामी तथा ब्रह्मांड के आदि स्वरूप, हे समस्त जीवों के परमात्मा, आपको सादर नमस्कार है।

ध्येयं सदा परिभवघ्नमभीष्ट दोहं
तीर्थास्पदं शिवविरिञ्चिनुतं शरण्यम्।
भृत्यार्तिहं प्रणतपाल भवाब्धिपोतं
वन्दे महापुरुष ते चरणारविन्दम्॥

हे प्रभु! आप महापुरुष हैं और मैं आपके उन चरणकमलों की पूजा करता हूँ, जो शाश्वत ध्यान के एकमात्र लक्ष्य हैं। वे चरण भौतिक जीवन की चिन्ताओं को नष्ट करते हैं और आत्मा की सर्वोच्च इच्छा—शुद्ध भगवत् प्रेम की प्राप्ति—प्रदान करते हैं। हे प्रभु, आपके चरणकमल सभी तीर्थस्थानों के तथा भक्ति-परम्परा के

समस्त सन्त–महापुरुषों के आश्रय हैं और शिव तथा ब्रह्मा जैसे शक्तिशाली देवताओं द्वारा सम्मानित होते हैं। हे प्रभु, आप इतने दयालु हैं कि आप उन सबों की स्वेच्छा से रक्षा करते हैं, जो आदरपूर्वक आपको नमस्कार करते हैं। इस तरह आप अपने सेवकों के सारे कष्टों को दयापूर्वक दूर कर देते हैं। निष्कर्ष रूप में, हे प्रभु, आपके चरणकमल वास्तव में जन्म तथा मृत्यु के सागर को पार करने के लिए उपयुक्त नाव हैं, इसीलिए ब्रह्मा तथा शिव भी आपके चरणकमलों में आश्रय की तलाश करते रहते हैं।

श्रीदेवा ऊचुः

नताः स्म ते नाथ पदारविन्दं
बुद्धीन्द्रियप्राणमनोवचोभिः।
यच्चिन्त्यतेऽन्तर्हृदि भावयुक्तै
मुमुक्षुभिः कर्ममयोरुपाशात्॥

हे प्रभ, बड़े बड़े योगी कठिन कर्म–बन्धन से मुक्ति पाने का प्रयास करते हुए अपने हृदयों में आपके चरणकमलों का ध्यान अतीव भक्तिपूर्वक करते हैं। हम देवतागण अपनी बुद्धि, इन्द्रियाँ, प्राण, मन तथा वाणी आपको समर्पित करते हुए, आपके चरणकमलों पर नत होते हैं।

श्रीउद्धव उवाच

तस्माद्भवन्तमनवद्यमनन्तपारं
सर्वज्ञमीश्वरमकुंठविकुंठधिष्ण्यम्।
निर्विण्णधीरहमु हे वृजिनाभितप्तो
नारायणं नरसखं शरणं प्रपद्ये॥

अतएव हे स्वामी, भौतिक जीवन से ऊब कर तथा इसके दुखों से सताया हुआ मैं आपकी शरण में आया हूँ, क्योंकि आप पूर्ण स्वामी हैं। आप अनन्त, सर्वज्ञ भगवान् हैं, जिनका आध्यात्मिक निवास वैकुंठ में होने से समस्त उपद्रवों से मुक्त है। वस्तुतः आप समस्त जीवों के मित्र नारायण नाम से जाने जाते हैं।

श्रीभगवानुवाच

सूर्ये तु विद्यया त्रय्या हविषाग्नौ यजेत माम्।
आतिथ्येन तु विप्राग्ये गोष्वङ्ग यवसादिना॥

वैष्णवे बन्धुसत्कृत्या हृदि खे ध्याननिष्ठया।
वायौ मुख्यधिया तोये द्रव्यैस्तोयपुरःसरैः ॥
स्थण्डिले मन्त्रहृदयैर्भोगैरात्मानमात्मनि।
क्षेत्रज्ञं सर्वभूतेषु समत्वेन यजेत माम् ॥

हे उद्धव, मनुष्य को चाहिए कि चुने हुए वैदिक मन्त्रोच्चार तथा पूजा और नमस्कार द्वारा सूर्य में मेरी पूजा करे। वह अग्नि में घी की आहुति डाल कर मेरी पूजा कर सकता है। वह अनामन्त्रित अतिथियों के रूप में ब्राह्मणों का आदरपूर्वक स्वागत करके उनमें मेरी पूजा कर सकता है। मेरी पूजा गायों में उन्हें घास तथा उपयुक्त अन्न एवं उनके स्वास्थ्य एवं आनन्द के लिए उपयुक्त सामग्री प्रदान करके की जा सकती है। वैष्णवों में मेरी पूजा उन्हें प्रेमपूर्ण मैत्री प्रदान करके तथा सब प्रकार से उनका आदर करके की जा सकती है। स्थिरभाव से ध्यान के माध्यम से हृदय में मेरी पूजा होती है और वायु में मेरी पूजा इस ज्ञान के द्वारा की जा सकती है कि तत्त्वों में प्राण ही प्रमुख है। जल में मेरी पूजा जल के साथ फूल तथा तुलसी-दल जैसे अन्य तत्त्वों को चढ़ाकर की जा सकती है। पृथ्वी में गुह्य बीज मन्त्रों के समुचित प्रयोग से मेरी पूजा हो सकती है। भोजन तथा अन्य भोज्य वस्तुएँ प्रदान करके व्यष्टि जीव में मेरी पूजा की जा सकती है। सारे जीवों में परमात्मा का दर्शन करके तथा इस तरह समदृष्टि रखते हुए मेरी पूजा की जा सकती है।

श्रीउद्धव उवाच

याः काश्च भूमौ दिवि वै रसायां
विभूतयो दिक्षु महाविभूते।
ता मह्यमाख्याह्यनुभावितास्ते
नमामि ते तीर्थपदाङ्घ्रिपद्मम् ॥

हे परमशक्तिमान प्रभु, कृपा करके मुझे अपनी वे असंख्य शक्तियाँ बतलायें जिन्हें आप पृथ्वी में, स्वर्ग में, नरक में तथा समस्त दिशाओं में प्रकट करते हैं। मैं आपके उन चरणकमलों को सादर नमस्कार करता हूँ जो समस्त तीर्थस्थलों के आश्रय हैं।

नमोऽस्तु ते महायोगिन्प्रपन्नमनुशाधि माम्।
यथा त्वच्चरणाम्भोजे रतिः स्यादनपायिनी ॥

हे महायोगि, आपको नमस्कार है। आप मुझ शरणागत को उपदेश दें कि मैं किस तरह आपके चरणकमलों के प्रति अनन्य अनुरक्ति पा सकता हूँ।

श्रीशुक उवाय

भवभयमपहन्तुं ज्ञानविज्ञानसारं
निगमकृदुपजह्रे भृङ्गवद्वेदसारम्।
अमृतमुदधित श्चापाययद्भृत्यवर्गान्
पुरुषमृषभमाद्यं कृष्णसंज्ञं नतोऽस्मि॥

मैं उन भगवान् कृष्ण को नमस्कार करता हूँ जो आदि तथा महानतम हैं। वे वेदों के रचयिता हैं और उन्होंने अपने भक्तों के भौतिक जगत के भय को नष्ट करने के लिए, मधुमक्खी की तरह समस्त ज्ञान-विज्ञान के इस अमृतमय सार का संग्रह किया। इस तरह उन्होंने अपने अनेक भक्तों को आनन्द के सागर से यह अमृत प्रदान किया है और उनकी कृपा से उन्होंने इसका पान किया है।

❑❑❑

णाणं
पयासयं
वीर नि.सं. 2470
ई.सन् 1944
भारतीय ज्ञानपीठ